타이위의 입터지는 중국어

시사중국어사

타이위의 입터지는 중국어

초판인쇄	2025년 12월 10일
초판발행	2025년 12월 20일
편저	타이위(서태일)
편집	연윤영, 최미진, 주민경, 徐婕
펴낸이	엄태상
디자인	진지화
콘텐츠 제작	김선웅, 장형진
마케팅본부	이승욱, 노원준, 조성민, 이선민, 김동우
경영기획	조성근, 최성훈, 김로은, 최수진, 오희연
물류	정종진, 윤덕현, 신승진, 구윤주
펴낸곳	시사중국어사(시사북스)
주소	서울시 종로구 자하문로 300 시사빌딩
주문 및 문의	1588-1582
팩스	0502-989-9592
홈페이지	http://www.sisabooks.com
이메일	book_chinese@sisadream.com
등록일자	1988년 2월 12일
등록번호	제300-2014-89호

ISBN 979-11-5720-296-6 13720

* 이 책의 내용을 사전 허가 없이 전재하거나 복제할 경우 법적인 제재를 받게 됨을 알려 드립니다.
* 잘못된 책은 구입하신 서점에서 교환해 드립니다.
* 정가는 표지에 표시되어 있습니다.

여러분은 저 '타이위'하면 무엇이 떠오르나요?

워 씽 스? 나루토 춤? 중국어 몰래카메라?

지나가다 저를 알아봐 주시는 분들을 만나면 대부분 '중국어!'를 먼저 떠올리시더라고요.

맞습니다! 저는 재밌게 중국어를 하면서 좋아하는 영상을 만드는 사람, 타이위입니다.

솔직히 말하면, 저는 중국어를 '공부'로 접근해 본 적이 거의 없습니다. 기초 때를 제외하면 책상에 앉아서 문법을 외운 적도, 단어장을 들춰 본 적도 거의 없어요. 항상 재밌는 걸 하다 보니, 그게 우연히 중국어로 된 형태였던 거죠.

저에게 중국어는 목표가 아니라 놀이터였습니다. 춤추고, 말장난하고, 영상 찍고, 중국 친구들과 장난치며 놀다 보니 자연스럽게 중국어가 몸에 붙더라고요.

그래서 이 책도 그런 마음으로 만들었습니다.

'공부해야지'라는 마음보다는 '이거 재밌네, 나도 해 볼까?'하는 호기심으로 펼칠 수 있는 책! 딱 그 정도의 가벼움으로 시작했으면 좋겠어요.

그리고 이 책을 덮을 때쯤엔 여러분이 '중국어를 배웠다'보다 '중국어로 놀았다'라고 말할 수 있었으면 합니다. 저처럼 좋아하는 일을 하다 보니 자연스럽게 중국어가 따라온 것처럼, 여러분도 즐기다 보면 어느새 말하고 있을 거예요. 이 책이 여러분에게 '교재'가 아니라 하나의 즐거운 콘텐츠, 그리고 새로운 놀이가 되길 바랍니다.

재밌게 중국어로 놀아 봅시다! 타이위처럼.

끝으로 이 책을 쓸 수 있게 많은 도움을 준 토링에 임가봉, 오빠스튜디오, 오뮤 그리고 시사북스에 깊은 감사의 인사를 전합니다.

저자 타이위

구성

입터지기 준비 단계

'중국어' 소개와 발음, 문장 구조에 대해 복잡한 설명은 버리고 핵심 내용만 정리했어요!

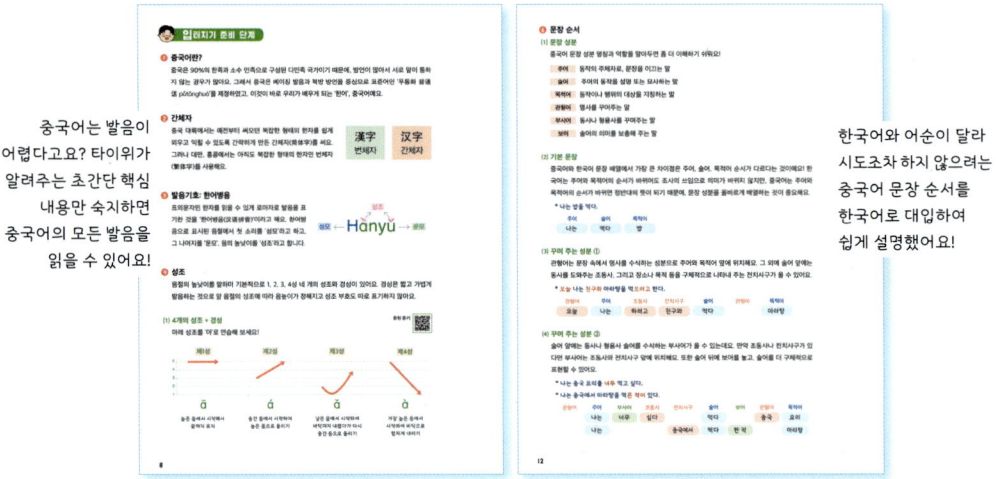

중국어는 발음이 어렵다고요? 타이위가 알려주는 초간단 핵심 내용만 숙지하면 중국어의 모든 발음을 읽을 수 있어요!

한국어와 어순이 달라 시도조차 하지 않으려는 중국어 문장 순서를 한국어로 대입하여 쉽게 설명했어요!

에피소드를 알아야 써 먹지!

유쾌하고 재밌는 에피소드를 쉽고 짧게 현지인 표현으로만 담아서 어려움 없이 술술 읽히고 머리에 쏙쏙 기억돼요! 입문·초급자를 위해 [한국어 독음 + 한어병음] / [뜻 + 한자]를 한 눈에 볼 수 있게 정리했어요!

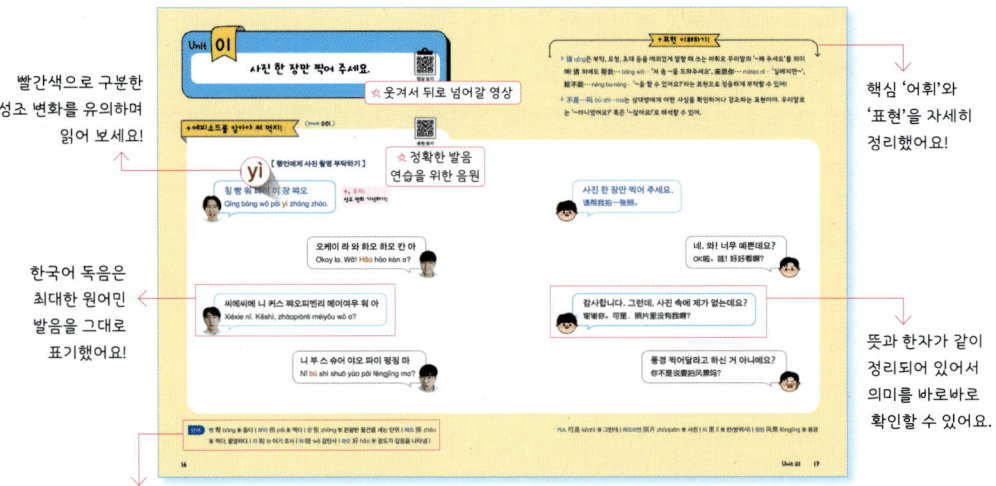

빨간색으로 구분한 성조 변화를 유의하며 읽어 보세요!

핵심 '어휘'와 '표현'을 자세히 정리했어요!

한국어 독음은 최대한 원어민 발음을 그대로 표기했어요!

뜻과 한자가 같이 정리되어 있어서 의미를 바로바로 확인할 수 있어요.

단어의 의미를 알면 이해하기 쉬워요.

무한 반복이 답이야!

핵심 표현을 활용한 패턴 문장들을 STEP 1 듣고 ▶ STEP 2 보고 ▶ STEP 3 말하고 ▶ STEP 4 써 보는 반복 학습을 거쳐서 자동으로 암기되어 따로 복습이 필요 없어요.

독음을 보며
한어병음을
익히고,

한어병음을
읽으며 한자를
익혀요!

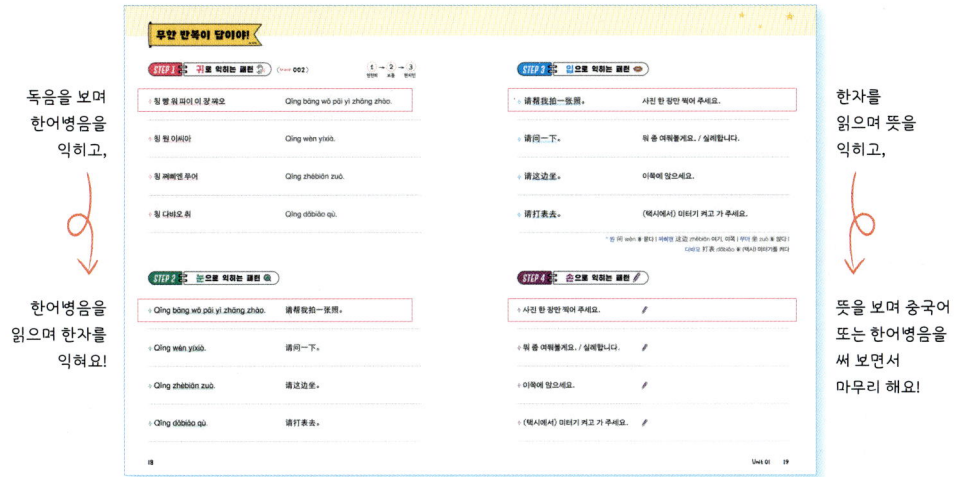

한자를
읽으며 뜻을
익히고,

뜻을 보며 중국어
또는 한어병음을
써 보면서
마무리 해요!

타이위를 따라 잡아봐!

타이위 콘텐츠의 시그니처인 한 문장으로 입문부터 네이티브까지 다양하게 표현하는 영상을 책에 그대로 담았어요! 초급과 네이티브는 한 끗 차이라는 것을 느끼며 재밌게 익혀 보세요!

타이위가 풀어보는 문화 & 중국어

중국통 타이위가 알고 있는 중국의 문화, 유행, 음식, 언어 등을 생생한 현장 사진과 그림으로 소개했어요!

목차

 입터지기 준비 단계

- ① 중국어란? / 8
- ② 간체자 / 8
- ③ 발음기호: 한어병음 / 8
- ④ 성조 / 8
- ⑤ 발음 / 10
- ⑥ 문장 순서 / 12
- ⑦ 알아두면 쓸모 있는 내용 / 13
- \# 타이위의 중국어 공부법 / 15

입터지기 시작 타이위랑 놀아 볼 에피소드!

- Unit 01 사진 한 장만 찍어 주세요. / 16
- Unit 02 당도는 절반으로 하고, 얼음은 빼 주세요. / 22
- Unit 03 체크인 하려고요. / 28
- Unit 04 너는 반드시 성공할 거야. / 34
- Unit 05 내가 쏠게. / 40
- Unit 06 경찰에 신고 좀 도와주시겠어요? / 46
- Unit 07 이 요금제는 데이터가 얼마나 포함되어 있나요? / 52
- Unit 08 우리는 아싸인 셈이지. / 58
- Unit 09 진짜 동안이다. / 64
- Unit 10 너 30일 만에 3kg을 감량할 용기가 있어? / 70
- Unit 11 또 시작이네! / 76
- Unit 12 많이 맵게 해 주세요. / 82
- Unit 13 네 멋대로 이야기하지 마! / 88
- Unit 14 내가 너한테 소개해 줄게. / 94
- Unit 15 세 살배기도 알겠다. / 100
- Unit 16 나도 일부러 그러는 거 아니잖아. / 106
- Unit 17 나 어디서 너 본 적 있는 것 같아. / 112
- Unit 18 냄새를 맡으니 너무 맛있겠어요. / 118
- Unit 19 나 지난달에 장자제에 갔었어. / 124
- Unit 20 나 또 살쪘어. / 130
- Unit 21 나 좀 쉴게. / 136

Unit 22	나 가스라이팅 당했어. / 142
Unit 23	너 그냥 거절해 버려. / 148
Unit 24	제가 말주변이 좋지 않아서요. / 154
Unit 25	이 에그타르트는 별로 안 달달하네. / 160
Unit 26	실례하겠습니다. / 166
Unit 27	너 아무래도 요즘 살 빠진 거 같아. / 172
Unit 28	근데 굳이 몸매가 좋아야 해요? / 178
Unit 29	저를 스캔하실래요, 아니면 제가 스캔을 할까요? / 184
Unit 30	두부 얼마예요? / 190
Unit 31	걔가 너보다 안 예뻐. / 196
Unit 32	너 하고 싶은 대로 해! / 202
Unit 33	급 땡긴다. / 208
Unit 34	잘 생기긴 무슨! / 214
Unit 35	너희 지금 뭐 하고 있어? / 220
Unit 36	얼마나 답답해! / 226
Unit 37	조금 내로남불이네. / 232
Unit 38	쇼츠 보는 것 좀 줄여. / 238
Unit 39	너 잘 좀 생각해 봐. / 244
Unit 40	연락할 수 있는 방법이 없어요. / 250
Unit 41	마라탕 한 그릇 주세요. / 256
Unit 42	너 왜 연애 안 해? / 262
Unit 43	내가 실수로 스포했네. / 268
Unit 44	너 오랫동안 연애 못 해 봤지? / 274
Unit 45	너 갈수록 정떨어져. / 280
Unit 46	나 진짜 더 이상 못 보겠다! / 286
Unit 47	너 어디서 왔어? / 292
Unit 48	꼭 처음 먹어 보는 사람같이 먹냐. / 298
Unit 49	너는 도대체 언제쯤 철이 들래? / 304
Unit 50	밥을 먹든지, 눕든지. / 310

입터지기 준비 단계

❶ 중국어란?
중국은 90%의 한족과 소수 민족으로 구성된 다민족 국가이기 때문에, 방언이 많아서 서로 말이 통하지 않는 경우가 많아요. 그래서 중국은 베이징 발음과 북방 방언을 중심으로 표준어인 '푸통화 普通话 pǔtōnghuà'를 제정하였고, 이것이 바로 우리가 배우게 되는 '한어', 중국어예요.

❷ 간체자
중국 대륙에서는 예전부터 써오던 복잡한 형태의 한자를 쉽게 외우고 익힐 수 있도록 간략하게 만든 간체자(简体字)를 써요. 그러나 대만, 홍콩에서는 아직도 복잡한 형태의 한자인 번체자(繁体字)를 사용해요.

漢字 번체자   汉字 간체자

❸ 발음기호: 한어병음
표의문자인 한자를 읽을 수 있게 로마자로 발음을 표기한 것을 '한어병음(汉语拼音)'이라고 해요. 한어병음으로 표시된 음절에서 첫 소리를 '성모'라고 하고, 그 나머지를 '운모', 음의 높낮이를 '성조'라고 합니다.

❹ 성조
음절의 높낮이를 말하며 기본적으로 1, 2, 3, 4성 네 개의 성조와 경성이 있어요. 경성은 짧고 가볍게 발음하는 것으로 앞 음절의 성조에 따라 음높이가 정해지고 성조 부호도 따로 표기하지 않아요.

(1) 4개의 성조 + 경성

아래 성조를 '아'로 연습해 보세요!

음원 듣기

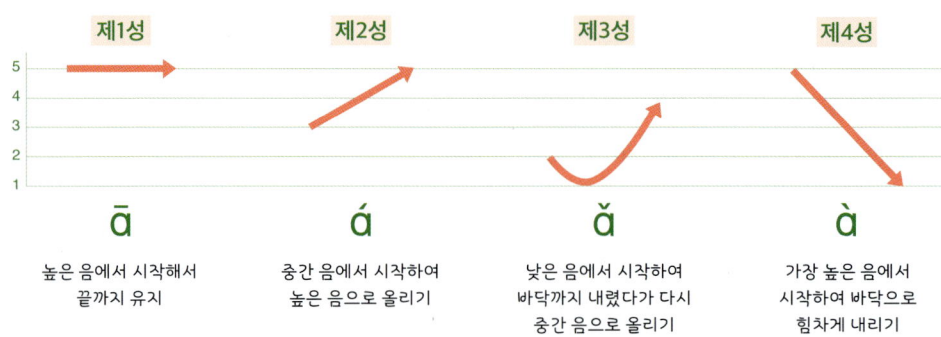

제1성	제2성	제3성	제4성
ā	á	ǎ	à
높은 음에서 시작해서 끝까지 유지	중간 음에서 시작하여 높은 음으로 올리기	낮은 음에서 시작하여 바닥까지 내렸다가 다시 중간 음으로 올리기	가장 높은 음에서 시작하여 바닥으로 힘차게 내리기

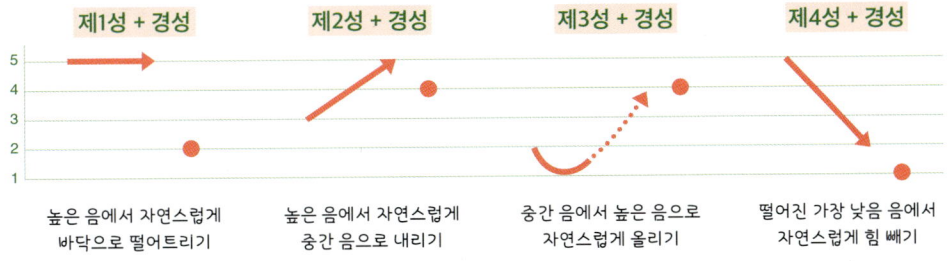

제1성 + 경성	제2성 + 경성	제3성 + 경성	제4성 + 경성
높은 음에서 자연스럽게 바닥으로 떨어트리기	높은 음에서 자연스럽게 중간 음으로 내리기	중간 음에서 높은 음으로 자연스럽게 올리기	떨어진 가장 낮음 음에서 자연스럽게 힘 빼기

(2) 성조 표기

성조는 a, o, e, i, u, ü(*이를 '단운모'라고 함)에 표시해요. 운모가 2개 이상일 경우에는 다음의 순서대로 표기해야 해요!

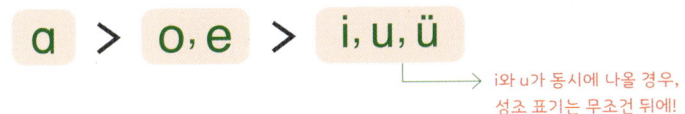

→ i와 u가 동시에 나올 경우, 성조 표기는 무조건 뒤에!

(3) 성조 변화

① 3성의 성조 변화

3성 + 3성 ▶ 2성 + 3성	3성 + 1, 2, 4성 ▶ 반3성 + 1, 2, 4성
3성이 연속으로 올 때, 앞의 3성이 2성으로 변해요. 단, 성조 표기는 3성 그대로 해요.	3성 뒤에 1, 2, 4성이 오면 앞의 3성이 바닥까지 내렸다가 다시 올라오지 않는 반3성이 돼요. 단, 성조 표기는 3성 그대로 해요.

② 부정부사 '뿌 不 bù'의 성조 변화

不 bù 4성 + 1, 2, 3성 ▶ 그대로 bù	不 bù 4성 + 4성 ▶ 不 bú 2성 + 4성
원래 성조 그대로 4성으로 읽어요.	不 bù 뒤에 4성이 오면, 不는 2성(bú)으로 바뀌어요. 성조 표기도 2성으로 해요.

③ 숫자 1 '이 一 yī'의 성조 변화

一 yī 1성 + 4성 ▶ 一 yí 2성 + 4성	一 yī 1성 + 1, 2, 3성 ▶ 一 yì 4성 + 1, 2, 3성	단독, 서수를 나타낼 때는 그대로 yī
一 yī 뒤에 4성이 올 때, 2성으로 변해요. 성조 표기도 2성으로 해요.	一 yī 뒤에 1, 2, 3성이 오면 4성으로 변해요. 성조 표기도 4성으로 해요.	단독으로 혹은 맨 끝에 오거나, 서수(순서)를 나타낼 때는 1성 그대로 써요.

❺ 발음　　　　　　　　　　　　　　　　　　　음원 듣기

성모

음절에서 첫 소리 '성모'는 '자음'에 해당되고, 총 21개가 있어요. 성모는 단독으로 발음할 수 없기 때문에 뒤에 단운모를 붙여서 발음해요.

b(o) 뽀어	p(o) 포어	m(o) 모어

f(o) 포어	→ 영어의 f처럼 윗니로 아랫입술을 살짝 스치며 발음해요!

d(e) 뜨어	t(e) 트어	n(e) 느어	l(e) 르어

g(e) 끄어	k(e) 크어	h(e) 흐어

j(i) 지	q(i) 치	x(i) 시

zh(i) 즈	ch(i) 츠	sh(i) 스	r(i) 르	→ zh, ch, sh, r는 입천장에 닿지 않을만큼 혀를 말아서 발음해요!

z(i) 쯔	c(i) 츠	s(i) 쓰	zh, ch, sh, r, z, c, s 뒤에 오는 i는 '으'로 읽어요!

10

운모

음절에서 '성모'를 제외한 나머지를 '운모'라 하고, '모음'에 해당돼요. 운모는 총 36개가 있어요.

a	ai 아이	ao 아오	an 안	ang 앙

o	ou 어우	ong 옹

→ e는 다른 운모와 결합하면 '에'로, 성모와 결합하면 '으어'로 발음해요!

e	ei 에이	en 언	eng 엉	er 얼

→ 권설운모로, 단독으로 쓰이거나 단어 뒤에서 'ㄹ화운모'를 만들어요!

i (yi)	ia (ya) 이아	ie (ye) 이에	iao (yao) 이아오	iou (you) 이어우	ian (yan) 이엔
	in (yin) 인	iang (yang) 이앙	ing (ying) 잉	iong (yong) 이옹	

→ 성모 없이 i로 시작하는 경우에는 i 대신 y를 써요. i가 단독으로 쓰이면, yi로 표기해요!

u (wu)	ua (wa) 우아	uo (wo) 우어	uai (wai) 우아이	uei (wei) 우에이	uan (wan) 우안
	uen (wen) 우언	uang (wang) 우앙	ueng (weng) 우엉		

→ 성모 없이 u로 시작하는 경우에는 u 대신 w를 써요. u가 단독으로 쓰이면, wu로 표기해요!

ü (yu)	üe (yue) 위에	üan (yuan) 위엔	ün (yun) 윈

→ 성모 없이 ü가 단독으로 쓰이면, yu로 표기해요!

❻ 문장 순서

(1) 문장 성분
중국어 문장 성분 명칭과 역할을 알아두면 좀 더 이해하기 쉬워요!

- **주어** 동작의 주체자로, 문장을 이끄는 말
- **술어** 주어의 동작을 설명 또는 묘사하는 말
- **목적어** 동작이나 행위의 대상을 지칭하는 말
- **관형어** 명사를 꾸며주는 말
- **부사어** 동사나 형용사를 꾸며 주는 말
- **보어** 술어의 의미를 보충해 주는 말

(2) 기본 문장
중국어와 한국어 문장 배열에서 가장 큰 차이점은 주어, 술어, 목적어 순서가 다르다는 것이에요! 한국어는 주어와 목적어의 순서가 바뀌어도 조사의 쓰임으로 의미가 바뀌지 않지만, 중국어는 주어와 목적어의 순서가 바뀌면 정반대의 뜻이 되기 때문에, 문장 성분을 올바르게 배열하는 것이 중요해요.

* 나는 밥을 먹다.

주어	술어	목적어
나는	먹다	밥

(3) 꾸며 주는 성분 ①
관형어는 문장 속에서 명사를 수식하는 성분으로 주어와 목적어 앞에 위치해요. 그 외에 술어 앞에는 동사를 도와주는 조동사, 그리고 장소나 목적 등을 구체적으로 나타내 주는 전치사구가 올 수 있어요.

* 오늘 나는 친구와 마라탕을 먹으려고 한다.

관형어	주어	조동사	전치사구	술어	관형어	목적어
오늘	나는	하려고	친구와	먹다		마라탕

(4) 꾸며 주는 성분 ②
술어 앞에는 동사나 형용사 술어를 수식하는 부사어가 올 수 있는데요. 만약 조동사나 전치사구가 있다면 부사어는 조동사와 전치사구 앞에 위치해요. 또한 술어 뒤에 보어를 놓고, 술어를 더 구체적으로 표현할 수 있어요.

* 나는 중국 요리를 너무 먹고 싶다.

* 나는 중국에서 마라탕을 먹은 적이 있다.

관형어	주어	부사어	조동사	전치사구	술어	보어	관형어	목적어
	나는	너무	싶다		먹다		중국	요리
	나는			중국에서	먹다	한 적		마라탕

❼ 알아두면 쓸모 있는 내용

(1) 인칭 대명사

사람을 가리키는 대명사를 '인칭 대명사'라고 하며, 복수형은 们 men을 붙여서 표현해요.

1인칭	我 wǒ 나, 저		我们 wǒmen 우리(들)	
2인칭	你 nǐ 너		你们 nǐmen 너희(들)	您 nín 당신, 귀하[존칭]
3인칭	他 tā 그		他们 tāmen 그들	
	她 tā 그녀		她们 tāmen 그녀들	
	它 tā 그것		它们 tāmen 그것들 *사물·동물을 가리킴	

(2) 1~10 읽기

중국 사람들은 숫자를 말할 때, 손가락으로 나타내는 습관이 있어요. 물건을 살 때, 손가락 모양으로 가격을 알아 차릴 수도 있으니, 중국 사람들이 어떻게 나타내는지 알려 줄게요.

이 yī 1	얼 èr 2	싼 sān 3	쓰 sì 4	우 wǔ 5
리우 liù 6	치 qī 7	빠 bā 8	지우 jiǔ 9	스 shí 10

(3) 화폐 읽는 법

중국의 공식적인 화폐 단위는 '위안 元 yuán'이에요. 회화에서는 같은 의미인 '콰이 块 kuài'를 사용하며, 화폐 금액은 소수점 자리까지 나타내요.

예를 들어 2.5 위안은 '리앙콰이우 两块五 liǎng kuài wǔ'라고 말하며, 이때 0.5 단위는 '쟈오 角 jiǎo'라고 읽어요. 이해하기 쉽게 한국의 10원 단위라고 생각하면 돼요. 그 이하 단위도 있지만 요즘에는 많이 사용하지는 않아요.

200 위안은 '얼 바이 콰이 二百块 èr bǎi kuài, 리앙 바이 콰이 两百块 liǎng bǎi kuài' 이렇게 두 가지 방법으로 읽을 수 있어요.

* 금액 읽어 보기

10 위안	200 위안	101 위안	210 위안	211 위안
十块 shí kuài	二百块 èr bǎi kuài	一百零一块 yī bǎi líng yī kuài	两百一十块 liǎng bǎi yī shí kuài	两百一十一块 liǎng bǎi yī shíyī kuài

중국은 모바일 결제가 보편화 되어 있어서, QR코드 결제가 가능한 앱을 편리하게 이용해 보세요. 단, 인터넷이 잘 터지지 않으면 결제할 때 곤란할 수 있으니, 십 단위 현금도 꼭 준비하세요!

타이위가 공개하는
진짜로 말하는 중국어 공부법

*해 보니까 이게 진짜 되더라!

1 말하기의 시작은 무조건 '듣기부터'

회화 잘하고 싶죠? 그럼 진짜 딱 하나만 명심하세요. **'많이 듣기!'**

중국어는 글로 배우는 거랑 실제 말하는 거랑 완전 달라요. HSK 고급 단어들? 솔직히 중국 친구들도 평소엔 잘 안 써요.

진짜 회화는 교재가 아니라 귀로 배우는 거예요.

계속 듣다 보면 어느 순간 "아, 이 표현 이렇게 자주 쓰네.", "이 상황에서는 저 단어가 나오네." 이렇게 귀에 쌓이거든요.

아기가 언어를 배울 때도 말보다 듣기가 먼저 되잖아요? 몇 년 동안 듣기만 하다가 어느 날 갑자기 '엄마'부터 시작하죠. 외국어 공부를 시작할 때는 우리도 똑같다고 생각하면 돼요! 계속 들으면 어느 순간 입이 기억하고 있다가 저절로 나옵니다.

2 중급부터는 '좋아하는 걸로' 공부하자

기초가 지나면 이제부터는 진짜 재밌게 공부할 때예요. 공부가 아니라 그냥 취미생활처럼 하면 됩니다.

- 드라마 좋아하면 ▶ 중국어 자막만 켜고 보기
- 먹방 좋아하면 ▶ 틱톡(抖音), 샤오홍슈(小红书)에서 중국 먹방 보기
- 책 좋아하면 ▶ 좋아하는 책 중국어판으로 읽기
- 저처럼 팟캐스트 좋아하면 ▶ 하루 1~2시간 중국어 팟캐스트 듣기

이렇게 하면 공부가 아니라 노는 건데 실력이 늘어요. 언젠가부터 중국어 영상이나 드라마를 그냥 즐기고 있는 자신을 발견하게 돼요. 그 시기가 진짜 실력이 확 느는 시기입니다.

3 언어는 '가늘고 길게'

많은 사람들이 외국어 공부는 '매일 꾸준히' 해야 된다고 하지만, 솔직히 그건 현실적으로 힘들어요. 저도 군대 있을 때 중국어 공부했는데, 매일 한 건 절대 아니었어요. 두 달 동안 아예 안 본 적도 있었어요. 그런데 딱 하나, 항상 가지고 있던 생각은 이거였어요.

"잠깐 멈춰도 괜찮다. 대신 계속 하자."

오늘은 하기 싫어도, 다음 주에 하고 싶은 마음이 생기면 그때 하면 돼요.

중요한 건 '끝까지 가져가는 마음'이에요.

중국어는 단거리 달리기가 아니라 마라톤이에요. 길게, 꾸준히, 부담 없이 가다 보면 어느 날 갑자기 "내가 이만큼 했네?"하는 순간이 옵니다.

자, 그럼 이제부터 재미있는 에피소드로 타이위와 신나게 놀아 볼까요?

Unit 01 사진 한 장만 찍어 주세요.

영상 보기

✦에피소드를 알아야 써 먹지! （track 001）

음원 듣기

【 행인에게 사진 촬영 부탁하기 】

칭 빵 워 파이 이 쟝 쨔오
Qǐng bāng wǒ pāi yì zhāng zhào.

✦✦ 주의!
성조 변화 기억하기!

오케이 라 와 하오 하오 칸 아
Okay la. Wā! Hǎo hǎo kàn a?

씨에씨에 니 커스 쨔오피엔리 메이여우 워 아
Xièxie nǐ. Kěshì, zhàopiànli méiyǒu wǒ a?

니 부 스 슈어 야오 파이 펑징 마
Nǐ bú shì shuō yào pāi fēngjǐng ma?

단어 빵 帮 bāng 통 돕다 | 파이 拍 pāi 통 찍다 | 쟝 张 zhāng 양 편평한 물건을 세는 단위 | 쨔오 照 zhào 통 찍다, 촬영하다 | 라 啦 la 어기 조사 | 와 哇 wā 감탄사 | 하오 好 hǎo 부 정도가 깊음을 나타냄 |

16

✦ 표현 이해하기!

✧ 请 qǐng은 부탁, 요청, 초대 등을 예의있게 말할 때 쓰는 어휘로 우리말의 '~해 주세요'를 의미해! 请 외에도 帮我… bāng wǒ… '저 좀 ~을 도와주세요', 麻烦你… máfan nǐ… '실례지만~', 能不能… néng bu néng… '~을 할 수 있어요?'라는 표현으로 정중하게 부탁할 수 있어!

✧ 不是…吗 bú shì…ma 는 상대방에게 어떤 사실을 확인하거나 강조하는 표현이야. 우리말로는 '~아니었어요?' 혹은 '~잖아요!'로 해석할 수 있어.

사진 한 장만 찍어 주세요.
请帮我拍一张照。

네. 와! 너무 예쁜데요?
OK啦。哇! 好好看啊?

감사합니다. 그런데, 사진 속에 제가 없는데요?
谢谢你。可是, 照片里没有我啊?

풍경 찍어달라고 하신 거 아니에요?
你不是说要拍风景吗?

커스 可是 kěshì 접 그런데 | 쨔오피엔 照片 zhàopiàn 명 사진 | 리 里 lǐ 명 안(방위사) | 펑징 风景 fēngjǐng 명 풍경

무한 반복이 답이야!

STEP 1　귀로 익히는 패턴　(track 002)

1 천천히 → 2 보통 → 3 현지인

◇ 칭 빵 워 파이 이 쨩 쨔오　　　Qǐng bāng wǒ pāi yì zhāng zhào.

◇ 칭 원 이씨아　　　Qǐng wèn yíxià.

◇ 칭 쪄삐엔 쭈어　　　Qǐng zhèbiān zuò.

◇ 칭 다뱌오 취　　　Qǐng dǎbiǎo qù.

STEP 2　눈으로 익히는 패턴

◇ Qǐng bāng wǒ pāi yì zhāng zhào.　　　请帮我拍一张照。

◇ Qǐng wèn yíxià.　　　请问一下。

◇ Qǐng zhèbiān zuò.　　　请这边坐。

◇ Qǐng dǎbiǎo qù.　　　请打表去。

STEP 3 입으로 익히는 패턴

✧ 请帮我拍一张照。　　　　　사진 한 장만 찍어 주세요.

✧ 请问一下。　　　　　　　　뭐 좀 여쭤볼게요. / 실례합니다.

✧ 请这边坐。　　　　　　　　이쪽에 앉으세요.

✧ 请打表去。　　　　　　　　(택시에서) 미터기 켜고 가 주세요.

* 원 问 wèn 동 묻다 | 쪄뻬엔 这边 zhèbiān 여기, 이쪽 | 쭈어 坐 zuò 동 앉다 |
다뱌오 打表 dǎbiǎo 동 (택시) 미터기를 켜다

STEP 4 손으로 익히는 패턴

✧ 사진 한 장만 찍어 주세요.

✧ 뭐 좀 여쭤볼게요. / 실례합니다.

✧ 이쪽에 앉으세요.

✧ (택시에서) 미터기 켜고 가 주세요.

타이위를 따라 잡아봐!

(track 003)

저자 음성

사진 한 장만 찍어 주세요.

초급

Kěyǐ pāizhào ma?

可以拍照吗?

중급

Qǐng bāng wǒ pāi yì zhāng zhào.

请帮我拍一张照。

고급

Máfan bāngmáng pāi ge zhào.

麻烦帮忙拍个照。

네이티브

Bāng wǒ pāi ge zhào ba.

帮我拍个照吧。

타이위가 풀어보는 문화

중국 여행 필수 앱

디디 츄싱
滴滴出行 Dīdī Chūxíng
중국의 대표 택시 호출 앱으로,
택시, 카풀까지 모두 예약 가능

따쯍 디엔핑
大众点评 Dàzhòng Diǎnpíng
맛집, 카페, 쇼핑 리뷰와 할인 쿠폰까지
제공하는 종합 리뷰 플랫폼

즈푸바오
支付宝 Zhīfùbǎo
QR 결제, 송금, 대중교통, 호텔 예약 등
거의 모든 생활 결제가 가능한 슈퍼 앱

까오더 띠투
高德地图 Gāodé Dìtú
중국 현지 교통과 도보, 버스, 지하철 경로
안내에 강한 지도 앱

Unit 02
당도는 절반으로 하고, 얼음은 빼 주세요.

영상 보기

✦에피소드를 알아야 써 먹지!　(track 004)

음원 듣기

【 카페에서 취향저격 음료 주문하기 】

닌 하오 칭원 닌 야오 션머
Nín hǎo, qǐngwèn nín yào shénme?

워 야오 빤 탕 취 삥 더
Wǒ yào bàn táng qù bīng de.

마판 시엔 슈어 이씨아 닌 시앙 야오 더 인핀
Máfan xiān shuō yíxià, nín xiǎng yào de yǐnpǐn.

러 메이스 이 뻬이
Rè Měishì, yì bēi.

아
Á?

단어 　빤 半 bàn ㊜ 절반 | 탕 糖 táng ㊅ 설탕 | 취 去 qù ㊇ 제거하다 | 삥 冰 bīng ㊅ 얼음 | 마판 麻烦 máfan ㊇ 귀찮게·번거롭게 하다 | 시엔 先 xiān ㊋ 먼저 | 시앙 想 xiǎng ㊂동 ~하고 싶다, ~하려 하다 |

22

✦ 표현 이해하기!

✧ 동사 要 yào는 '필요하다, 원하다'라는 의미를 가지고 있어서, 식당이나 가게에서 무언가를 주문할 때 '~을 주세요'라는 표현으로 자연스럽게 쓸 수 있어. 유사 표현으로는 请给我… qǐng gěi wǒ… '저에게 ~를 주세요', 来一份… lái yí fèn… '~ 한 세트 주세요', 我要点… wǒ yào diǎn… '~를 주문할게요', 我想要… wǒ xiǎng yào… '~를 원해요' 등이 있어.

안녕하세요. 무엇이 필요하세요?
您好，请问您要什么？

당도는 절반으로 하고, 얼음은 빼 주세요.
我要半糖去冰的。

죄송하지만, 원하시는 음료 먼저 말씀해 주시겠어요.
麻烦先说一下，您想要的饮品。

따뜻한 아메리카노 한 잔이요.
热美式，一杯。

네?
啊？

이씨아 一下 yíxià [수량] 잠시, 좀 | 인핀 饮品 yǐnpǐn [명] 음료 | 러 热 rè [형] 뜨겁다 | 메이스 美式 Měishì 아메리카노의 약자 | 뻬이 杯 bēi [양] 컵을 세는 단위

무한 반복이 답이야!

STEP 1 귀로 익히는 패턴 (track 005)

1 천천히 → 2 보통 → 3 현지인

◇ 워 야오 빤 탕 취 삥 더   Wǒ yào bàn táng qù bīng de.

◇ 워 야오 이 뻬이 러 메이스   Wǒ yào yì bēi rè Měishì.

◇ 워 야오 이 거 카오 렁미엔   Wǒ yào yí ge kǎo lěngmiàn.

◇ 워 야오 싼펀 슈 더   Wǒ yào sānfēn shú de.

STEP 2 눈으로 익히는 패턴

◇ Wǒ yào bàn táng qù bīng de.   我要半糖去冰的。

◇ Wǒ yào yì bēi rè Měishì.   我要一杯热美式。

◇ Wǒ yào yí ge kǎo lěngmiàn.   我要一个烤冷面。

◇ Wǒ yào sānfēn shú de.   我要三分熟的。

STEP 3 입으로 익히는 패턴

✧ 我要半糖去冰的。　　　　　당도는 절반으로 하고, 얼음은 빼 주세요.

✧ 我要一杯热美式。　　　　　따뜻한 아메리카노 한 잔 주세요.

✧ 我要一个烤冷面。　　　　　구운 냉면 하나 주세요.

✧ 我要三分熟的。　　　　　　(스테이크) 미디엄 레어로 주세요.

* 카오 렁미엔 烤冷面 kǎo lěngmiàn 구운 냉면 | 싼펀 슈 三分熟 sānfēn shú 미디엄 레어

STEP 4 손으로 익히는 패턴

✧ 당도는 절반으로 하고,
　얼음은 빼 주세요.

✧ 따뜻한 아메리카노 한 잔 주세요.

✧ 구운 냉면 하나 주세요.

✧ (스테이크) 미디엄 레어로 주세요.

타이위를 따라 잡아봐!

(track 006)

저자 음성

차가운 음료를 주문할게요.

초급
Wǒ yào mǎi bīng yǐnliào.

我要买冰饮料。

중급
Wǒ yào diǎn bīng yǐnliào.

我要点冰饮料。

고급
Máfan gěi wǒ lái yì bēi bīng yǐn.

麻烦给我来一杯冰饮。

네이티브
Wǒ yào bīng de.

我要冰的。

타이위가 풀어보는 문화

중국 배달 앱

메이투안 와이마이
美团外卖 Měituán Wàimài
중국 음식 배달 시장의 압도적 1위로, 약 70%의 시장 점유율을 유지 중

어러머
饿了么 È le me
Alibaba그룹 소유의 대표 B2C 배달 플랫폼으로, 시장 점유율 약 30% 미만의 2위 앱

찡똥 와이마이
京东外卖 Jīngdōng Wàimài
2025년 2월부터 진출한 JD.com의 신생 배달 서비스로 빠르게 시장을 점유하고 있으며, 신규 사용자 유입이 활발함

Unit 03 체크인 하려고요.

영상 보기

✦에피소드를 알아야 써 먹지! (track 007)

음원 듣기

【 중국 호텔 체크인하기 】

니 하오 워 야오 루쮸
Nǐ hǎo, wǒ yào rùzhù.

하오 더 칭 츄스 이씨아 닌 더 쪙찌엔
Hǎo de, qǐng chūshì yíxià nín de zhèngjiàn.

워 바 후쨔오 라 짜이 한구어 러
Wǒ bǎ hùzhào là zài Hánguó le.

나 닌 스 전머 라이 쭝구어 더
Nà nín shì zěnme lái Zhōngguó de?

단어 루쮸 入住 rùzhù 동 입주하다 | 츄스 出示 chūshì 동 제시하다 | 쪙찌엔 证件 zhèngjiàn 명 증명서(신분증) |
바 把 bǎ 전 ~을/를 | 후쨔오 护照 hùzhào 명 여권 | 라 落 là 동 놓고 오다, 두고 오다 |

28

✦ 표현 이해하기!

✧ 조동사 要 yào는 '~하려고 하다, ~할 것이다'라는 뜻으로 계획이나 의지를 나타낼 때 써. 즉, 어떤 행동이나 일이 앞으로 일어날 것을 말하고 싶을 때 쓰는 어휘야.

안녕하세요. 체크인 하려고요.
你好，我要入住。

네, 신분증을 제시해 주시겠어요?
好的，请出示一下您的证件。

여권을 한국에 놓고 왔어요.
我把护照落在韩国了。

그럼 중국에 어떻게 오셨어요?
那您是怎么来中国的?

짜이 在 zài 전 ~에(서) | 한구어 韩国 Hánguó 고유 한국 | 나 那 nà 접 그러면 | 전머 怎么 zěnme 대 어떻게 |
쭝구어 中国 Zhōngguó 고유 중국

Unit 03　29

무한 반복이 답이야!

STEP 1 　귀로 익히는 패턴　(track 008)

1 → 2 → 3
천천히　보통　현지인

◇ 워 야오 루쮸　　　　　　　　　　　Wǒ yào rùzhù.

◇ 워 야오 찌펀　　　　　　　　　　　Wǒ yào jīfēn.

◇ 워 야오 취 팡삐엔 이씨아　　　　　Wǒ yào qù fāngbiàn yíxià.

◇ 워 야오 왈 잉시옹 리엔멍　　　　　Wǒ yào wánr Yīngxióng Liánméng.

STEP 2 　눈으로 익히는 패턴

◇ Wǒ yào rùzhù.　　　　　　　　　　我要入住。

◇ Wǒ yào jīfēn.　　　　　　　　　　 我要积分。

◇ Wǒ yào qù fāngbiàn yíxià.　　　　我要去方便一下。

◇ Wǒ yào wánr Yīngxióng Liánméng.　我要玩儿英雄联盟。

STEP 3 입으로 익히는 패턴

◇ 我要入住。　　　　　　　　저 체크인 하려고요.

◇ 我要积分。　　　　　　　　저 포인트 적립할래요.

◇ 我要去方便一下。　　　　　저 화장실 좀 가려고요.

◇ 我要玩儿英雄联盟。　　　　저 롤(리그 오브 레전드) 할 거예요.

* 찌펀 积分 jīfēn 동 점수를 합산하다[포인트 적립] | 팡삐엔 方便 fāngbiàn 동 대소변을 보다 | 잉시옹 리엔멍 英雄联盟 Yīngxióng Liánméng 리그 오브 레전드

STEP 4 손으로 익히는 패턴

◆ 저 체크인 하려고요.

◆ 저 포인트 적립할래요.

◆ 저 화장실 좀 가려고요.

◆ 저 롤(리그 오브 레전드) 할 거예요.

타이위를 따라 잡아봐!

(track 009)

화장실 좀 가려고요.

초급

xǐshǒujiān

洗手间

중급

Wǒ yào qù xǐshǒujiān.

我要去洗手间。

고급

Wǒ qù tàng xǐshǒujiān.

我去趟洗手间。

네이티브

Wǒ yào qù fāngbiàn yíxià.

我要去方便一下。

타이위가 풀어보는 문화

중국 인터넷 쇼핑 앱

타오바오
淘宝 Táobǎo
개인 판매자 중심의 중국에서 가장
대중적인 C2C 플랫폼

찡똥
京东 Jīngdōng
정품 보장과 빠른 배송으로 신뢰도 높은
B2C 플랫폼

티엔마오
天猫 Tiānmāo
브랜드 공식 입점이 가능한 프리미엄
B2C 쇼핑몰

핀뚜어뚜어
拼多多 Pīnduōduō
공동구매 방식으로 저가 상품을 제공하는
소셜 커머스 플랫폼

Unit 04

너는 반드시 성공할 거야.

영상 보기

✦ 에피소드를 알아야 써 먹지! （track 010）

음원 듣기

【 성공을 확신하기 】

니 이띵 후이 쳥꽁 더
Nǐ yídìng huì chénggōng de.

니 예 이띵 후이 쳥꽁 더
Nǐ yě yídìng huì chénggōng de.

워먼 이띵 후이 쳥꽁 더
Wǒmen yídìng huì chénggōng de!

하오 나 치 치앙 스 스허우 취 치앙 인항 러
Hǎo, ná qǐ qiāng! Shì shíhou qù qiǎng yínháng le!

단어 이띵 一定 yídìng 부 반드시 | 쳥꽁 成功 chénggōng 동 성공하다 | 예 也 yě 부 ~도 |
나 치 拿起 ná qǐ 들어 올리다 | 치앙 枪 qiāng 명 총 |

✦ 표현 이해하기!

✧ 会 huì는 '~할 것이다, ~일 것이다'라는 미래에 대한 추측이나 확신을 표현하는 조동사야. 이 외에도 '~할 수 있다'라는 의미도 가지고 있어서 활용이 많은 단어인 만큼 꼭 기억했으면 좋겠어. 한 가지 더 알려줄게! 会가 쓰인 문장 끝에 的를 붙이면 문장의 어조가 부드러워지고, 좀 더 확실한 의미를 나타내니까 기억해 둬!

너는 반드시 성공할 거야.
你一定会成功的。

너도 반드시 성공할 거야.
你也一定会成功的。

우린 반드시 성공할 거야!
我们一定会成功的!

좋아, 총 들어! 은행 털러 가기 좋은 때야!
好，拿起枪! 是时候去抢银行了!

스 스허우 是时候 shì shíhou 마침 좋은 때다, 적당한 시기이다 | 인항 银行 yínháng 명 은행

무한 반복이 답이야!

STEP 1 　귀로 익히는 패턴　(track 011)

1 → 2 → 3
천천히　보통　현지인

◇ 니 이띵 후이 쳥꽁 더　　　　　Nǐ yídìng huì chénggōng de.

◇ 니 부 후이 셩치 러 바　　　　　Nǐ bú huì shēngqì le ba?

◇ 워 후이 완디얼 따오　　　　　Wǒ huì wǎndiǎnr dào.

◇ 밍티엔 후이 씨아위　　　　　Míngtiān huì xiàyǔ.

STEP 2 　눈으로 익히는 패턴

◇ Nǐ yídìng huì chénggōng de.　　你一定会成功的。

◇ Nǐ bú huì shēngqì le ba?　　你不会生气了吧?

◇ Wǒ huì wǎndiǎnr dào.　　我会晚点儿到。

◇ Míngtiān huì xiàyǔ.　　明天会下雨。

STEP 3 입으로 익히는 패턴

✧ 你一定会成功的。　　　　너는 반드시 성공할 거야.

✧ 你不会生气了吧?　　　　너 화난 거 아니지?

✧ 我会晚点儿到。　　　　나 늦게 도착할 거 같아.

✧ 明天会下雨。　　　　내일 비가 올 거 같아.

* 성치 生气 shēngqì 동 화를 내다 | 완디얼 晚点儿 wǎndiǎnr 동 (예정 시간보다) 늦다 | 따오 到 dào 동 도착하다 | 밍티엔 明天 míngtiān 명 내일 | 씨아위 下雨 xiàyǔ 동 비가 내리다(오다)

STEP 4 손으로 익히는 패턴

✧ 너는 반드시 성공할 거야.

✧ 너 화난 거 아니지?

✧ 나 늦게 도착할 거 같아.

✧ 내일 비가 올 거 같아.

타이위를 따라 잡아봐!

track 012

너는 반드시 성공할 거야.

초급

加油!

중급

你一定会成功的。

고급

我相信你一定能成功。

네이티브

你肯定能行!

타이위가 풀어보는 문화

중국 OTT 앱

텅쉰 스핀
腾讯视频 Téngxùn Shìpín
영화, 드라마, 예능 등 종합 콘텐츠가 강한 국민 OTT

아이치이
爱奇艺 Àiqíyì
오리지널 시리즈와 드라마에 특화된 스트리밍 플랫폼

여우쿠
优酷 Yōukù
다양한 장르의 콘텐츠와 마케팅 연계 콘텐츠가 활발한 플랫폼

Unit 05

내가 쏠게.

✦에피소드를 알아야 써 먹지! (track 013)

【 친구에게 한턱 내기 】

워 라이 칭커 아이야 워 칭 니 라
Wǒ lái qǐngkè. Āiyā, wǒ qǐng nǐ la!

뿌 뿌 뿌 워 라이 푸 워 라이 푸 치엔
Bù bù bù, wǒ lái fù, wǒ lái fù qián.

나 니 깐 마 나 져 션펀쩡
Nà nǐ gàn má ná zhe shēnfènzhèng?

나 니 깐 마 나 져 꽁쟈오카
Nà nǐ gàn má ná zhe gōngjiāokǎ?

단어 칭커 请客 qǐngkè 통 한턱 내다 | 아이야 哎呀 āiyā 감탄사 | 푸 付 fù 통 지불하다 | 치엔 钱 qián 명 돈 | 깐 干 gàn 통 하다 | 나 拿 ná 통 들다 | 션펀쩡 身份证 shēnfènzhèng 명 신분증 |

✦ 표현 이해하기!

✧ 동사 앞에 나오는 来 lái의 뜻은 '내가 하겠다, 내가 책임지고 ~하겠다'와 같이 주체가 나서서 어떤 행동을 하겠다는 주도적인 의지를 강하게 표현할 때 사용해!

내가 쏠게. 아이고, 내가 쏜다고!
我来请客。哎呀，我请你啦!

아냐, 아냐, 아냐, 내가 내, 내가 낸다니까.
不不不，我来付，我来付钱。

근데 너 왜 신분증을 들고 있냐?
那你干嘛拿着身份证?

그럼 너는 왜 교통카드를 들고 있냐?
那你干嘛拿着公交卡?

꽁쟈오카 公交卡 gōngjiāokǎ 교통카드

무한 반복이 답이야!

STEP 1 　귀로 익히는 패턴　(track 014)

1 → 2 → 3
천천히　보통　현지인

✧ 워 라이 칭커　　　　　　　　　Wǒ lái qǐngkè.

✧ 워 라이 슈어 이씨아　　　　　　Wǒ lái shuō yíxià.

✧ 니먼 라이 팅팅　　　　　　　　Nǐmen lái tīngting.

✧ 워 라이 찌에쌰오 이씨아　　　　Wǒ lái jièshào yíxià.

STEP 2 　눈으로 익히는 패턴

✧ Wǒ lái qǐngkè.　　　　　　　　我来请客。

✧ Wǒ lái shuō yíxià.　　　　　　　我来说一下。

✧ Nǐmen lái tīngting.　　　　　　你们来听听。

✧ Wǒ lái jièshào yíxià.　　　　　　我来介绍一下。

STEP 3 　 입으로 익히는 패턴

✧ 我来请客。　　　　　　　　내가 쏠게.

✧ 我来说一下。　　　　　　　내가 한번 말해 볼게.

✧ 你们来听听。　　　　　　　너네 한번 들어 봐.

✧ 我来介绍一下。　　　　　　내가 소개해 볼게.

*팅 听 tīng 통 듣다 | 찌에쌰오 介绍 jièshào 통 소개하다

STEP 4 　 손으로 익히는 패턴

✧ 내가 쏠게.

✧ 내가 한번 말해 볼게.

✧ 너네 한번 들어 봐.

✧ 내가 소개해 볼게.

타이위를 따라 잡아봐!

(track 015)

저자 음성

내가 쏠게.

초급

Wǒ lái qǐngkè.

我来请客。

중급

Jīntiān wǒ lái fù qián.

今天我来付钱。

고급

Jīntiān wǒ qǐng.

今天我请。

네이티브

Wǒ lái wǒ lái.

我来我来。

타이위가 풀어보는 문화

요리 조리법

챠오 chǎo 炒 볶음

쪙 zhēng 蒸 찜

카오 kǎo 烤 구이

뚠 dùn 炖 푹 삶음

쟈 zhá 炸 튀김

빤 bàn 拌 무침

Unit 06
경찰에 신고 좀 도와주시겠어요?

영상 보기

✦ 에피소드를 알아야 써 먹지! （track 016）

음원 듣기

【 도움 요청하기 】

니 넝 빵 워 빠오 거 징 마
Nǐ néng bāng wǒ bào ge jǐng ma?

파셩 션머 셜 러
Fāshēng shénme shìr le?

니 터우 저우 러 워 더 신
Nǐ tōu zǒu le wǒ de xīn.

뚜이부치 워 즈 터우 러 니 더 치엔빠오
Duìbuqǐ, wǒ zhǐ tōu le nǐ de qiánbāo.

아
Á…?

빠오징 报警 bàojǐng 동 경찰에 신고하다 | 파셩 发生 fāshēng 동 발생하다 | 셜 事儿 shìr 명 일 | 터우 저우 偷走 tōu zǒu 훔쳐서 가다 | 신 心 xīn 명 마음 | 뚜이부치 对不起 duìbuqǐ 죄송합니다 |

✦표현 이해하기!

✧ 帮 bāng은 '도와주다, 도움을 주다'라는 동사로, 누군가를 도와주거나 도움을 요청할 때 쓰는 표현이야! 간단히 말하면 '도와주다, 대신해 주다'라고 말하고 싶을 때 떠올리면 돼! 보통은 주어 + 帮 + 대상 + 동사 순서로 말해서 '(대상)을 위해 (동사)를 해 주다'라는 뜻이 되는 거야! 따라서 帮我…는 너무 강하게 들리지 않고 친근하고 부드러운 뉘앙스를 줄 수 있는 아주 자연스러운 부탁의 표현이라고 말할 수 있어.

경찰에 신고 좀 도와주시겠어요?
你能帮我报个警吗?

무슨 일 있어요?
发生什么事儿了?

당신이 제 마음을 훔쳐갔잖아요.
你偷走了我的心。

죄송해요. 나는 지갑밖에 안 훔쳤어요.
对不起，我只偷了你的钱包。

네…?
啊…?

즈 只 zhǐ 〖부〗 단지, 오직 | 터우 偷 tōu 〖동〗 훔치다 | 치엔빠오 钱包 qiánbāo 〖명〗 지갑

Unit 06 47

무한 반복이 답이야!

STEP 1 귀로 익히는 패턴 (track 017)

1 → 2 → 3
천천히 보통 현지인

◆ 니 넝 빵 워 빠오 거 징 마　　　　　Nǐ néng bāng wǒ bào ge jǐng ma?

◆ 니 빵 워 나 꾸어라이 바　　　　　Nǐ bāng wǒ ná guòlai ba.

◆ 빵 워 라 카이 츄앙리엔　　　　　Bāng wǒ lā kāi chuānglián.

◆ 워 빵 니 따오 쉐이　　　　　Wǒ bāng nǐ dào shuǐ.

STEP 2 눈으로 익히는 패턴

◆ Nǐ néng bāng wǒ bào ge jǐng ma?　　　你能帮我报个警吗？

◆ Nǐ bāng wǒ ná guòlai ba.　　　你帮我拿过来吧。

◆ Bāng wǒ lā kāi chuānglián.　　　帮我拉开窗帘。

◆ Wǒ bāng nǐ dào shuǐ.　　　我帮你倒水。

STEP 3 입으로 익히는 패턴

◇ 你能帮我报个警吗?   경찰에 신고 좀 도와주시겠어요?

◇ 你帮我拿过来吧。   너가 가지고 와 주라.

◇ 帮我拉开窗帘。   커튼 좀 열어 줘.

◇ 我帮你倒水。   내가 물 따라 줄게.

* 꾸어라이 过来 guòlai 오다 | 라 카이 拉开 lā kāi 당겨서 열다 | 츄앙리엔 窗帘 chuānglián 명 블라인드 | 따오 쉐이 倒水 dào shuǐ 물을 따르다

STEP 4 손으로 익히는 패턴

◇ 경찰에 신고 좀 도와주시겠어요?

◇ 너가 가지고 와 주라.

◇ 커튼 좀 열어 줘.

◇ 내가 물 따라 줄게.

Unit 06   49

타이위를 따라 잡아봐!

(track 018)

저자 음성

경찰에 신고 좀 도와주시겠어요?

초급

jiào jǐngchá

叫警察

중급

Bāng wǒ jiào jǐngchá ba!

帮我叫警察吧!

고급

Nǐ néng bāng wǒ bào ge jǐng ma?

你能帮我报个警吗?

네이티브

Kuài, bàojǐng!

快，报警!

타이위가 풀어보는 문화

요리 재료

지 jī 鸡 닭

니우 niú 牛 소

쮸 zhū 猪 돼지

위 yú 鱼 생선

시아 xiā 虾 새우

떠우푸 dòufu 豆腐 두부

Unit 07
이 요금제는 데이터가 얼마나 포함되어 있나요?

영상 보기

✦ 에피소드를 알아야 써 먹지!   (track 019)

음원 듣기

【 요금제에 포함된 데이터 용량 알아보기 】

쩌거 타오찬 따이 뚜어샤오 리우리앙
Zhège tàocān dài duōshao liúliàng?

쩌거 여우 리앙 거 쥐
Zhège yǒu liǎng ge G.

커이 투이찌엔 비에 더 마
Kěyǐ tuījiàn bié de ma?

나 얼 바이 쨔오 더 타오찬 전머양
Nà èr bǎi zhào de tàocān zěnmeyàng?

워 칸 치라이 씨앙 메이 펑여우 더 런 마
Wǒ kàn qǐlai xiàng méi péngyou de rén ma?

단어 타오찬 套餐 tàocān 명 핸드폰 요금제, 세트 음식 | 뚜어샤오 多少 duōshao 대 얼마나 |
리우리앙 流量 liúliàng 명 핸드폰 모바일 데이터, 유량 | 투이찌엔 推荐 tuījiàn 동 추천하다 |

✦ 표현 이해하기!

✧ 带 dài는 보통 '휴대하다, (몸에) 지니다'라는 뜻으로 많이 알고 있지만, '포함되다'라는 뜻으로도 많이 쓰인다는 것도 기억하면 좋을 것 같아. 带饭 dài fàn '밥을 포함하다', 带汤 dài tāng '국을 포함하다' 등 실생활에서 많이 쓰이니까 꼭 알아 둬!

이 요금제는 데이터가 얼마나 포함되어 있나요?
这个套餐带多少流量?

이건 2GB에요.
这个有2个G。

다른 거 추천해 주실 수 있나요?
可以推荐别的吗?

그럼 200MB는 어떠세요?
那200兆的套餐怎么样?

제가 친구가 없어 보이나요?
我看起来像没朋友的人吗?

비에 더 别的 bié de 다른 것 | 쨔오 兆 zhào ㊗ 백만, 메가 | 전머양 怎么样 zěnmeyàng ㈐ 어떠하다 | 칸 치라이 看起来 kàn qǐlai 보아하니 | 씨앙 像 xiàng ⑧ 닮다, 비슷하다 | 펑여우 朋友 péngyou ⑲ 친구

무한 반복이 답이야!

STEP 1 귀로 익히는 패턴 (track 020)   1 천천히 → 2 보통 → 3 현지인

✧ 쩌거 타오찬 따이 뚜어샤오 리우리앙
  Zhège tàocān dài duōshao liúliàng?

✧ 쩌거 허판 따이 탕 허 쉐이구어 마
  Zhège héfàn dài tāng hé shuǐguǒ ma?

✧ 쩌거 타오찬 따이 미판 마
  Zhège tàocān dài mǐfàn ma?

✧ 쩌 찌엔 이푸 따이 마오즈 마
  Zhè jiàn yīfu dài màozi ma?

STEP 2 눈으로 익히는 패턴

✧ Zhège tàocān dài duōshao liúliàng?
  这个套餐带多少流量?

✧ Zhège héfàn dài tāng hé shuǐguǒ ma?
  这个盒饭带汤和水果吗?

✧ Zhège tàocān dài mǐfàn ma?
  这个套餐带米饭吗?

✧ Zhè jiàn yīfu dài màozi ma?
  这件衣服带帽子吗?

STEP 3 · 입으로 익히는 패턴

✧ 这个套餐带多少流量?
이 요금제는 데이터가 얼마나 포함되어 있나요?

✧ 这个盒饭带汤和水果吗?
이 도시락은 국이랑 과일이 포함되어 있나요?

✧ 这个套餐带米饭吗?
이 세트 메뉴에 공깃밥이 포함되어 있나요?

✧ 这件衣服带帽子吗?
이 옷은 모자가 달려 있나요?

* 허판 盒饭 héfàn 명 도시락 | 탕 汤 tāng 명 국 | 쉐이구어 水果 shuǐguǒ 명 과일 | 미판 米饭 mǐfàn 명 쌀밥 | 찌엔 件 jiàn 양 옷을 세는 단위 | 이푸 衣服 yīfu 명 옷 | 마오즈 帽子 màozi 명 모자

STEP 4 · 손으로 익히는 패턴

✧ 이 요금제는 데이터가 얼마나 포함되어 있나요?

✧ 이 도시락은 국이랑 과일이 포함되어 있나요?

✧ 이 세트 메뉴에 공깃밥이 포함되어 있나요?

✧ 이 옷은 모자가 달려 있나요?

타이위를 따라 잡아봐!

(track 021)

 **对不起，我的中文不好**
#미안해, 나는 중국어를 잘 못해요.

뚜이부치 워 더 쭁원 뿌 하오
duìbuqǐ, wǒ de Zhōngwén bù hǎo
对不起，我的中文不好

뚜이부치 뚜이부치 워 뿌 즈따오 니 슈어 션머
duìbuqǐ, duìbuqǐ, wǒ bù zhīdào nǐ shuō shénme
对不起，对不起，我不知道你说什么

뚜이부치 워 더 쭁원 뿌 하오
duìbuqǐ, wǒ de Zhōngwén bù hǎo
对不起，我的中文不好

뚜이부치 뚜이부치 워 즈 시앙 껀 니 땅 펑여우
duìbuqǐ, duìbuqǐ, wǒ zhǐ xiǎng gēn nǐ dāng péngyou
对不起，对不起，我只想跟你当朋友

【 의미 】

미안해, 내가 중국어가 잘 안 돼
미안해, 미안해, 네가 무슨 말을 하는지 몰라
미안해, 내가 중국어가 잘 안 돼
미안해, 미안해, 나는 그냥 너랑 친구로 지내고 싶어

> 타이위가 풀어보는 문화

재료 또는 음식의 형태

쓰 sī 丝 채

피엔 piàn 片 편

띵 dīng 丁 토막, 덩이

콰이 kuài 块 덩어리

탸오 tiáo 条 가늘고 기다란

치우 qiú 球 볼(공)
완즈 wánzi 丸子 완자

Unit 08

우리는 아싸인 셈이지.

영상 보기

✦ 에피소드를 알아야 써 먹지! (track 022)

음원 듣기

【 인싸와 아싸 구분하기 】

워먼 쑤안 스 셔니우 마
Wǒmen suàn shì shèniú ma?

워먼 쑤안 스 셔콩 바
Wǒmen suàn shì shèkǒng ba.

나 니 여우 지 거 펑여우
Nà nǐ yǒu jǐ ge péngyou?

워 여우 이 거 민시
Wǒ yǒu yí ge, Mínxī.

나 워 쑤안 션머
Nà wǒ suàn shénme?

단어 셔니우 社牛 shèniú 인싸 | 셔콩 社恐 shèkǒng 아싸

✦ 표현 이해하기!

◇ 算 suàn은 원래 '계산하다'라는 뜻으로 많이 알고 있지만, '~로 간주하다, ~로 치다'라는 어떤 상태나 범주에 포함시키는 의미로도 많이 쓰여! 유사 의미로 当 dàng, 认为 rènwéi 등 여러 표현이 있지만, 算은 좀 더 일상적이고 구어체 느낌이 강한 편이야.

우리가 인싸인 셈인가?
我们算是社牛吗?

우리는 아싸인 셈이지.
我们算是社恐吧。

그럼 너 친구 몇 명 있는데?
那你有几个朋友?

나 한 명 있어. 민석이.
我有一个，民锡。

그럼 나는 뭐야?
那我算什么?

무한 반복이 답이야!

STEP 1　귀로 익히는 패턴　(track 023)

1 천천히 → 2 보통 → 3 현지인

◇ 워먼 쑤안 스 셔콩 바
　Wǒmen suàn shì shèkǒng ba.

◇ 쪄 쑤안 피엔이 더 러
　Zhè suàn piányi de le.

◇ 카오 뚜어샤오 펀 차이 쑤안 하오 너
　Kǎo duōshao fēn cái suàn hǎo ne?

◇ 워 찌아 샤오 마오미 쑤안 스 팅 꽈이 더
　Wǒ jiā xiǎo māomī suàn shì tǐng guāi de.

STEP 2　눈으로 익히는 패턴

◇ Wǒmen suàn shì shèkǒng ba.
　我们算是社恐吧。

◇ Zhè suàn piányi de le.
　这算便宜的了。

◇ Kǎo duōshao fēn cái suàn hǎo ne?
　考多少分才算好呢?

◇ Wǒ jiā xiǎo māomī suàn shì tǐng guāi de.
　我家小猫咪算是挺乖的。

STEP 3 　 입으로 익히는 패턴

◇ 我们算是社恐吧。
　우리는 아싸인 셈이지.

◇ 这算便宜的了。
　이 정도면 싼 편이지.

◇ 考多少分才算好呢?
　몇 점을 맞아야 그냥저냥 잘 쳤다고 치는 거야?

◇ 我家小猫咪算是挺乖的。
　우리집 고양이는 꽤 착하고 말 잘 듣는 편이지.

* 피엔이 便宜 piányi [형] (값이) 싸다 | 카오 考 kǎo [동] 시험치다 | 펀 分 fēn [명] 점수 | 차이 才 cái [부] 비로소 | 샤오 마오미 小猫咪 xiǎo māomī 냥이, 야옹이 | 팅 挺 tǐng [부] 매우 | 과이 乖 guāi [형] 말을 잘 듣다

STEP 4 　 손으로 익히는 패턴

◇ 우리는 아싸인 셈이지.
✎

◇ 이 정도면 싼 편이지.
✎

◇ 몇 점을 맞아야 그냥저냥 잘 쳤다고 치는 거야?
✎

◇ 우리집 고양이는 꽤 착하고 말 잘 듣는 편이지.
✎

타이위를 따라 잡아봐!

(track 024)

저자 음성

나는 아싸인 셈이지.

초급

Wǒ huà shǎo.

我话少。

중급

Wǒ bǐjiào nèixiàng.

我比较内向。

고급

Wǒ bú tài xǐhuan jiàn péngyou.

我不太喜欢见朋友。

네이티브

Wǒ suàn shì shèkǒng ba.

我算是社恐吧。

타이위가 풀어보는 문화

중국 지역 대표 요리

✦ 四川菜 Sìchuān cài 쓰촨 요리

라즈찌
辣子鸡 làzijī
쓰촨 요리는 맵고 얼얼한 '마라 맛'이 특징, 마라향과 고추, 후추 사용이 많음

✦ 山东菜 Shāndōng cài 산둥 요리

탕추 리위
糖醋鲤鱼 tángcù lǐyú
산둥 요리는 짭짤하고 풍미 있는 해산물 요리, 국물 요리가 많음

✦ 浙江菜 Zhèjiāng cài 저쟝 요리

시후 추위
西湖醋鱼 xīhú cùyú
저장 요리는 신선하고 깔끔한 맛, 해산물과 채소 활용이 많음

✦ 广东菜 Guǎngdōng cài 광둥 요리

바이치에지
白切鸡 báiqiējī
광둥 요리는 재료 본연의 맛을 살리는 담백함과 다양한 재료와 정갈한 요리가 많음

Unit 09

진짜 동안이다.

영상 보기

✦ 에피소드를 알아야 써 먹지! （track 025）

음원 듣기

【 얼굴로 나이 예측하기 】

니 뚜어 따 러
Nǐ duō dà le?

워 떠우 싼스이 러
Wǒ dōu sānshíyī le.

쩐 더   니 팅 시엔 샤오 더
Zhēn de? Nǐ tǐng xiān xiǎo de.

씨에씨에
Xièxie!

워 하이 이웨이 니 즈 여우 싼스 너
Wǒ hái yǐwéi nǐ zhǐ yǒu sānshí ne.

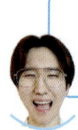 단어 뚜어 따 多大 duō dà 얼마나 | 떠우 都 dōu 부 모두 | 쩐 真 zhēn 형 진실의 | 팅 挺 tǐng 부 매우 |

✦ 표현 이해하기!

✧ 显 xiǎn은 '보이다, 나타내다, 드러내다'라는 뜻으로, 외모나 상태를 표현할 때 많이 쓰이는 단어야! 어떤 특징이나 상태를 겉으로 드러나 보이게 한다는 뜻으로 이해하면 돼. 유사 표현으로는 看起来 kàn qǐlai '~처럼 보이다', 觉得 juéde '느끼다, 생각하다(주관적 판단 표현)' 등이 있어.

✧ 只有三十 zhǐ yǒu sānshí에서 有는 나이를 표현할 때 쓰는 동사로 구어체에서 관용적으로 쓰는 표현이야. 중국어에서는 나이를 말할 때, '몇 살이 있다'는 식으로 표현하는 경우가 있으니 기억해 둬.

나이가 어떻게 돼?
你多大了?

나 31살이나 됐어.
我都三十一了。

진짜? 진짜 동안이다.
真的? 你挺显小的。

고마워!
谢谢!

나는 네가 30살인줄 알았어.
我还以为你只有三十呢。

샤오 小 xiǎo 형 작다 | 하이 还 hái 부 뜻밖에, 의외로 | 이웨이 以为 yǐwéi 동 생각하다, 여기다

무한 반복이 답이야!

STEP 1 귀로 익히는 패턴 (track 026) 1 → 2 → 3 천천히 보통 현지인

✧ 니 팅 시엔 샤오 더   Nǐ tǐng xiǎn xiǎo de.

✧ 쨔오 워 시엔 까오 더 츄안 다 바   Jiāo wǒ xiǎn gāo de chuān dā ba.

✧ 워 웨이션머 썅찡 시엔 팡   Wǒ wèishénme shàngjìng xiǎn pàng?

✧ 나 쿠안 뤼찡 비쨔오 시엔 바이   Nǎ kuǎn lǜjìng bǐjiào xiǎn bái?

STEP 2 눈으로 익히는 패턴

✧ Nǐ tǐng xiǎn xiǎo de.   你挺显小的。

✧ Jiāo wǒ xiǎn gāo de chuān dā ba.   教我显高的穿搭吧。

✧ Wǒ wèishénme shàngjìng xiǎn pàng?   我为什么上镜显胖?

✧ Nǎ kuǎn lǜjìng bǐjiào xiǎn bái?   哪款滤镜比较显白?

STEP 3 입으로 익히는 패턴

✧ 你挺显小的。   너 진짜 어려 보여. (= 동안이야)

✧ 教我显高的穿搭吧。   나 키가 커 보이는 코디 좀 알려줘.

✧ 我为什么上镜显胖?   나는 왜 카메라에 뚱뚱해 보일까?

✧ 哪款滤镜比较显白?   어떤 필터가 비교적 하얘 보여?

*츄안 다 穿搭 chuān dā 코디 | 쌍찡 上镜 shàngjìng 동 카메라에 나타나다 | 팡 胖 pàng 형 뚱뚱하다, 살찌다 | 쿠안 款 kuǎn 양 양식이나 종목을 세는 단위 | 뤼찡 滤镜 lǜjìng 프로그램의 필터 | 비쨔오 比较 bǐjiào 동 비교하다

STEP 4 손으로 익히는 패턴

✧ 너 진짜 어려 보여. (= 동안이야)

✧ 나 키가 커 보이는 코디 좀 알려줘.

✧ 나는 왜 카메라에 뚱뚱해 보일까?

✧ 어떤 필터가 비교적 하얘 보여?

타이위를 따라 잡아봐!

(track 027)

저자 음성

진짜 동안이다.

초급

hěn niánqīng

很年轻

중급

Nǐ kàn qǐlai hěn niánqīng.

你看起来很年轻。

고급

Zhēn kàn bu chūlai.

真看不出来。

네이티브

Nǐ tǐng xiǎn xiǎo de.

你挺显小的。

> 타이위가 풀어보는 문화

중국 간장 조림 요리

◇ **홍샤오 씨리에 红烧 系列** hóngshāo xìliè

중국식 간장 조림 요리는 간장, 설탕, 황주, 향신료를 넣고 오랫동안 졸여서 만드는 중국의 대표적인 조리법이에요. 단맛과 짠맛이 조화롭고 윤기 나는 갈색빛이 특징이죠.

홍샤오 러우
红烧肉 hóngshāo ròu
삼겹살을 설탕으로 캐러멜화한 후 간장과 함께 조린 대표 요리

홍샤오 파이구
红烧排骨 hóngshāo páigǔ
돼지갈비를 달콤하고 진한 간장 소스로 조린 인기 메뉴

홍샤오 찌츠
红烧鸡翅 hóngshāo jīchì
닭날개를 홍샤오 방식으로 조려 부드럽고 달콤한 맛이 특징

Unit 10
너 30일 만에 3kg을 감량할 용기가 있어?

영상 보기

✦에피소드를 알아야 써 먹지!
(track 028)

음원 듣기

【 용기 내서 다이어트 계획 세우기 】

니 간 후아 싼 스 티엔 지엔 싼 꽁찐 마
Nǐ gǎn huā sān shí tiān jiǎn sān gōngjīn ma?

헝   나 찌아 거 링 스스 바
Hēng?! Nà jiā ge líng shìshi ba!

와 싼 스 티엔 지엔 싼 스 꽁찐
Wā! Sān shí tiān jiǎn sān shí gōngjīn?

뿌 후아 싼 바이 티엔
Bù, huā sān bǎi tiān.

아
Á…?

단어 후아 花 huā 동 (시간을) 쓰다 | 지엔 减 jiǎn 동 살을 빼다 | 꽁찐 公斤 gōngjīn 양 kg | 헝 哼 hēng 의성어 |

✦ 표현 이해하기!

✧ 敢 gǎn은 '~할 수 있다, ~할 용기가 있다'라는 뜻을 가진 조동사로, 주로 어떤 행동을 할 용기나 배짱이 있는지를 표현할 때 쓰여! 그리고 부정형은 不敢, 의문형은 敢不敢 형식으로 응용할 수 있어.

너 30일 만에 3kg을 감량할 용기가 있어?
你敢花三十天减三公斤吗?

흥?! 0 하나 더 추가해서 해 보자!
哼?! 那加个零试试吧!

와! 30일에 30kg?
哇! 30天减30公斤?

아니, 300일만에.
不，花300天。

아…?
啊…?

찌아 加 jiā 통 더하다 | 링 零 líng 수 영(제로) | 스 试 shì 통 시도하다 | 와 哇 wā 의성어

무한 반복이 답이야!

STEP 1 귀로 익히는 패턴 🎧 (track 029)   1 → 2 → 3
천천히　보통　현지인

◆ 니 간 후아 싼 스 티엔 지엔 싼 꽁찐 마
　Nǐ gǎn huā sān shí tiān jiǎn sān gōngjīn ma?

◆ 간 부 간 챵챵 쳐우떠우푸
　Gǎn bu gǎn chángchang chòudòufu?

◆ 니 간 칸 콩뿌피엔 마
　Nǐ gǎn kàn kǒngbùpiàn ma?

◆ 워 뿌 간 뻥지
　Wǒ bù gǎn bèngjí.

STEP 2 눈으로 익히는 패턴 🔍

◆ Nǐ gǎn huā sān shí tiān jiǎn sān gōngjīn ma?
　你敢花三十天减三公斤吗?

◆ Gǎn bu gǎn chángchang chòudòufu?
　敢不敢尝尝臭豆腐?

◆ Nǐ gǎn kàn kǒngbùpiàn ma?
　你敢看恐怖片吗?

◆ Wǒ bù gǎn bèngjí.
　我不敢蹦极。

STEP 3 : 입으로 익히는 패턴

❖ 你敢花三十天减三公斤吗?
너 30일 만에 3kg을 감량할 용기가 있어?

❖ 敢不敢尝尝臭豆腐?
취두부 시도해 볼 용기가 있어?

❖ 你敢看恐怖片吗?
너 공포영화 볼 용기가 있어?

❖ 我不敢蹦极。
나 번지점프 할 용기가 없어.

* 챵 尝 cháng 동 맛보다 | 처우떠우푸 臭豆腐 chòudòufu 명 취두부 | 칸 看 kàn 동 보다 |
콩뿌피엔 恐怖片 kǒngbùpiàn 공포영화 | 뻥지 蹦极 bèngjí 명 번지점프

STEP 4 : 손으로 익히는 패턴

❖ 너 30일 만에 3kg을 감량할 용기가 있어?

❖ 취두부 시도해 볼 용기가 있어?

❖ 너 공포영화 볼 용기가 있어?

❖ 나 번지점프 할 용기가 없어.

타이위를 따라 잡아봐!

(track 030)

저자 음성

취두부 시도해 볼 용기가 있어?

초급

Nǐ néng chī chòudòufu ma?

你能吃臭豆腐吗?

중급

Nǐ yào shìshi zhège ma?

你要试试这个吗?

고급

Gǎn bu gǎn chángchang chòudòufu?

敢不敢尝尝臭豆腐?

네이티브

Jiù wèn nǐ gǎn bu gǎn?

就问你敢不敢?

타이위가 풀어보는 문화

쓰촨의 단짠 요리

◆ **위시앙 씨리에 鱼香系列 yúxiāng xìliè**

'위시앙 鱼香 yúxiāng'은 생선(鱼)을 넣지 않지만, 과거 쓰촨 지방에서 생선 요리에 사용하던 특유의 양념에서 유래했기 때문에 '생선 향'이라는 이름이 붙였어요.
이 요리의 특징은 파, 마늘, 생강 등과 두반장, 고추, 식초, 설탕 등을 넣어 매콤달콤하고 짭조름하면서도 새콤한 맛이 나는 복합적인 풍미를 낸다는 점이에요.

위시앙 러우쓰
鱼香肉丝 yúxiāng ròusī
채 썬 돼지고기를 위시앙 소스로 볶은 쓰촨의 대표 요리

위시앙 치에즈
鱼香茄子 yúxiāng qiézi
가지를 위시앙 소스로 조린 인기 채식 요리

위시앙 떠우푸
鱼香豆腐 yúxiāng dòufu
두부를 위시앙 소스와 함께 볶아 부드럽고 감칠맛 나는 요리

Unit 11

또 시작이네!

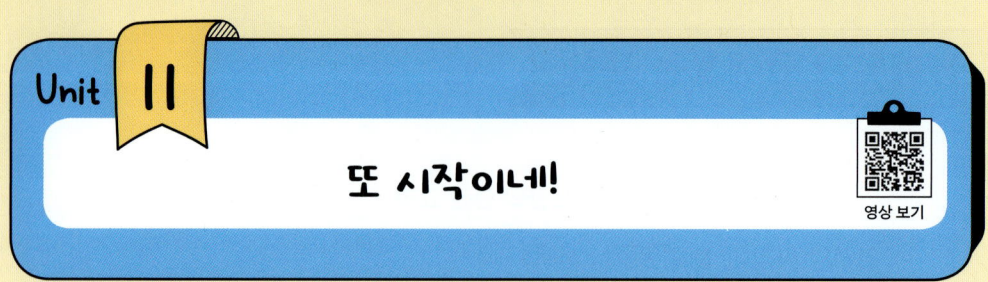

+ 에피소드를 알아야 써 먹지! (track 031)

【 반복되는 일상 말하기 】

아 아 아 하오 우랴오 아
Ā ā ā, hǎo wúliáo a~.

니 여우 라이 러
Nǐ yòu lái le!

저우 취 허 카페이
Zǒu, qù hē kāfēi!

찐티엔 쩌 떠우 띠 리우 츠 러 바
Jīntiān zhè dōu dì liù cì le ba?

단어 우랴오 无聊 wúliáo 형 무료하다, 지루하다 | 카페이 咖啡 kāfēi 명 커피 | 츠 次 cì 양 번, 차례

✚ 표현 이해하기!

✧ 又 yòu는 '또, 다시'라는 의미의 부사로, 보통 과거 시제와 같이 쓰여서 어떤 일이 이전에 이미 한 번 일어났는데, 다시 같은 일이 일어날 때 사용해. 이 표현도 일상생활에서 많이 쓰니까 자주 사용해 봐!

으아, 심심해 아~.
啊啊啊，好无聊啊～。

또 시작이네!
你又来了!

가자, 커피 마시러 가자!
走，去喝咖啡!

오늘만 다 해서 6번째지?
今天这都第六次了吧?

무한 반복이 답이야!

STEP 1 귀로 익히는 패턴 (track 032)
1 천천히 → 2 보통 → 3 현지인

✧ 니 여우 라이 러
Nǐ yòu lái le!

✧ 워 여우 어 러
Wǒ yòu è le.

✧ 전머 여우 스 니
Zěnme yòu shì nǐ?

✧ 타 여우 츠따오 러
Tā yòu chídào le.

STEP 2 눈으로 익히는 패턴

✧ Nǐ yòu lái le! 你又来了!

✧ Wǒ yòu è le. 我又饿了。

✧ Zěnme yòu shì nǐ? 怎么又是你?

✧ Tā yòu chídào le. 他又迟到了。

STEP 3 입으로 익히는 패턴

✧ 你又来了!　　　　　　또 시작이네!

✧ 我又饿了。　　　　　　나 또 배고파.

✧ 怎么又是你?　　　　　또 너야?

✧ 他又迟到了。　　　　　걔 또 지각했어.

* 츠따오 迟到 chídào 동 지각하다

STEP 4 손으로 익히는 패턴

✧ 또 시작이네!

✧ 나 또 배고파.

✧ 또 너야?

✧ 걔 또 지각했어.

Unit 11　79

타이위를 따라 잡아봐! (track 033)

 # 卡皮巴拉
#카피빠라

쭈어 이 즈 카 카 피 피 빠 빠 라 라 카피빠라
zuò yì zhī kǎ kǎ pí pí bā bā lā lā, kǎpíbālā
做一只卡卡皮皮巴巴拉拉，卡皮巴拉

츠츠 허허 쓔이쓔이 완완 찌우 꾸어취 라
chīchī hēhē shuìshuì wánwán jiù guòqù la
吃吃喝喝睡睡玩玩就过去啦

카 카 피 피 빠 빠 라 라
kǎ kǎ pí pí bā bā lā lā
卡卡皮皮巴巴拉拉

지우쑤안 스찌에 마쌍 후이미에 위 워 우꾸안 라
jiùsuàn shìjiè mǎshàng huǐmiè yǔ wǒ wúguān la
就算世界马上毁灭与我无关啦

【의미】

카카 피피 바바 라라 카피바라 한 마리가 될래요.
먹고 마시고 자고 놀다 보면 하루는 그냥 지나가요.
카카 피피 바바 라라
설령 세상이 당장 멸망해도 나랑은 상관 없어요.

타이위가 풀어보는 문화

쓰촨의 매운 요리

◇ **마라 씨리에** 麻辣系列 málà xìliè

쓰촨 요리의 핵심인 화자오와 고추기름으로 만든 독특한 매운 맛의 조합인 '마 麻 má'는 혀가 마비되는 느낌을, '라 辣 là'는 매운 맛을 뜻해요.

마라 시앙구어
麻辣香锅 málà xiāngguō
각종 재료를 마라 소스로 볶은 쓰촨식 마라볶음

마라 니우러우
麻辣牛肉 málà niúròu
소고기를 마라 소스로 볶아 얼얼하고 매콤한 맛이 특징

마라 찌쪈
麻辣鸡胗 málà jīzhēn
닭의 모래주머니를 마라 소스로 볶은 쫄깃한 안주

Unit 12

많이 맵게 해 주세요.

영상 보기

✦ 에피소드를 알아야 써 먹지! (track 034)

음원 듣기

【 더 많이 요청하기 】

워 부 스 파 라 워 스 파 부 라
Wǒ bú shì pà là, wǒ shì pà bú là.

즈따오 러 즈따오 러
Zhīdào le, zhīdào le.

니 하오 뚜어 찌아 디얼 라
Nǐ hǎo! Duō jiā diǎnr là.

칭싱 디얼   쪄리 스 나이챠 띠엔
Qīngxǐng diǎnr, zhèli shì nǎichá diàn!

단어 파 怕 pà 동 두려워하다 | 라 辣 là 형 맵다 | 즈따오 知道 zhīdào 동 알다 | 뚜어 찌아 多加 duō jiā 더하다 |

✚ 표현 이해하기!

✧ 多 duō + 동사 표현은 '어떤 행동을 많이 하다'라는 뜻으로 보통 '~을 많이 해 주세요'라는 의미를 만들 때 사용하는 표현이야. 동사 앞에서 권유, 조언, 부탁 등의 의미로 많이 쓰고 보통 동사 뒤에 点儿 diǎnr이 자주 같이 쓰여서 더 부드럽고 자연스러운 느낌을 줘.

나는 매울까 봐 걱정하는 게 아니고, 안 매울까 봐 걱정인 거야.
我不是怕辣，我是怕不辣。

알았어, 알았다고.
知道了，知道了。

저기요! 많이 맵게 해 주세요.
你好! 多加点儿辣。

정신 차려, 여기 밀크티 가게야!
清醒点儿，这里是奶茶店！

디얼 点儿 diǎnr 양 약간, 조금 | 칭싱 清醒 qīngxǐng 동 정신을 차리다 | 나이챠 띠엔 奶茶店 nǎichá diàn 밀크티 가게

무한 반복이 답이야!

STEP 1 : 귀로 익히는 패턴 (track 035)   1 천천히 → 2 보통 → 3 현지인

✧ 뚜어 찌아 디얼 라   Duō jiā diǎnr là.

✧ 뚜어 허 러 쉐이   Duō hē rè shuǐ.

✧ 뚜어 팡 씨앙차이   Duō fàng xiāngcài.

✧ 니 뚜어 츠 디얼   Nǐ duō chī diǎnr.

STEP 2 : 눈으로 익히는 패턴

✧ Duō jiā diǎnr là.   多加点儿辣。

✧ Duō hē rè shuǐ.   多喝热水。

✧ Duō fàng xiāngcài.   多放香菜。

✧ Nǐ duō chī diǎnr.   你多吃点儿。

STEP 3 　 입으로 익히는 패턴

✧ 多加点儿辣。　　　　　　　많이 맵게 해 주세요.

✧ 多喝热水。　　　　　　　　따뜻한 물을 많이 마시세요.

✧ 多放香菜。　　　　　　　　고수 많이 넣어 주세요.

✧ 你多吃点儿。　　　　　　　많이 드세요.

* 허 喝 hē 통 마시다 | 러 쉐이 热水 rè shuǐ 뜨거운 물 | 팡 放 fàng 통 넣다 | 씨앙차이 香菜 xiāngcài 명 고수

STEP 4 　 손으로 익히는 패턴

✧ 많이 맵게 해 주세요.

✧ 따뜻한 물을 많이 마시세요.

✧ 고수 많이 넣어 주세요.

✧ 많이 드세요.

타이위를 따라 잡아봐!

track 036

저자 음성

많이 맵게 해 주세요.

초급

Là yìdiǎnr.

辣一点儿。

중급

Kěyǐ là yìdiǎnr ma?

可以辣一点儿吗?

고급

Bāng wǒ duō jiā yìxiē là.

帮我多加一些辣。

네이티브

Duō jiā diǎnr là.

多加点儿辣。

타이위가 풀어보는 문화

중국의 달콤새콤 요리

◇ **탕추 씨리에** 糖醋系列 tángcù xìliè

설탕과 식초를 주재료로 한 달콤새콤한 탕추 소스로 만든 요리예요. 주로 튀김 요리에 소스를 끼얹거나 볶음 요리로 만들며, 어린이부터 어른까지 누구나 좋아하는 맛이에요!

탕추 리지
糖醋里脊 tángcù lǐji
돼지 안심을 튀겨 달콤새콤한 소스를 끼얹은 대표 요리

탕추 파이구
糖醋排骨 tángcù páigǔ
돼지갈비를 탕추 소스로 조린 인기 있는 가정 요리

탕추 위
糖醋鱼 tángcù yú
생선을 통째로 튀겨 탕추 소스를 부은 화려한 요리

Unit 13

네 멋대로 이야기하지 마!

영상 보기

✦ 에피소드를 알아야 써 먹지! (track 037)

음원 듣기

【 친구에게 경고하기 】

> 깡차이 나 거 나이챠 띠엔 샤오 지에지에 부추어 바
> Gāngcái nà ge nǎichá diàn xiǎo jiějie búcuò ba?

> 찌우 나양 바 여우 아이 여우 난칸
> Jiù nàyàng ba, yòu ǎi yòu nánkàn.

> 부 런스 찌우 비에 루안 슈어
> Bú rènshi jiù bié luàn shuō!

> 타 스 워 메이메이
> Tā shì wǒ mèimei.

> 스 아 따찌우꺼
> Shì a, dàjiùgē.

단어 깡차이 刚才 gāngcái [부] 방금 | 지에지에 姐姐 jiějie [명] 언니, 누나 | 부 추어 不错 búcuò [형] 괜찮다 | 찌우 就 jiù [부] 바로 | 나양 那样 nàyàng [대] 그렇게, 저렇게 | 아이 矮 ǎi [형] (키가) 작다 |

✦ 표현 이해하기!

✧ 别 bié + 동사 표현은 '~하지 마세요'라는 금지나 충고를 표현할 때 쓰는 말이야. 항상 동사 앞에 위치하고 명령, 충고, 부탁 모두 사용 가능하며, 문장 뒤에 了를 추가해서 어투를 조금 더 부드럽게 만들 수 있어.

아까 그 밀크티 가게 알바생 이쁘지 않았냐?
刚才那个奶茶店小姐姐不错吧?

별로던데, 키도 작고 못생겼어.
就那样吧, 又矮又难看。

알지도 못하면 네 멋대로 이야기하지 마!
不认识就别乱说!

내 여동생인데.
她是我妹妹。

그렇죠, 형님.
是啊, 大舅哥。

난칸 难看 nánkàn 형 못생기다, 보기 싫다 | 런스 认识 rènshi 동 알다 | 비에 别 bié 부 ~하지 마라 | 루안 슈어 乱说 luàn shuō 함부로 지껄이다 | 메이메이 妹妹 mèimei 명 여동생 | 따찌우꺼 大舅哥 dàjiùgē 큰처남

무한 반복이 답이야!

STEP 1 귀로 익히는 패턴 　(track 038)

1 천천히 → 2 보통 → 3 현지인

✧ 비에 루안 슈어　　　　　　　　　Bié luàn shuō.

✧ 비에 챠뚜이　　　　　　　　　　Bié chāduì.

✧ 비에 러 워　　　　　　　　　　　Bié rě wǒ.

✧ 비에 파오티 러　　　　　　　　　Bié pǎotí le.

STEP 2 눈으로 익히는 패턴

✧ Bié luàn shuō.　　　　　　　　别乱说。

✧ Bié chāduì.　　　　　　　　　别插队。

✧ Bié rě wǒ.　　　　　　　　　　别惹我。

✧ Bié pǎotí le.　　　　　　　　　别跑题了。

STEP 3 입으로 익히는 패턴

◆ 别乱说。　　　　　　　네 멋대로 이야기하지 마.

◆ 别插队。　　　　　　　새치기하지 마.

◆ 别惹我。　　　　　　　나 건들지 마.

◆ 别跑题了。　　　　　　딴 이야기로 새지 마.

* 차뚜이 插队 chāduì 동 새치기하다 | 러 惹 rě (말이나 행동이) 상대방의 기분을 건드리다 | 파오티 跑题 pǎotí 동 (말이나 문장이) 본 주제에서 벗어나다

STEP 4 손으로 익히는 패턴

◆ 네 멋대로 이야기하지 마.

◆ 새치기하지 마.

◆ 나 건들지 마.

◆ 딴 이야기로 새지 마.

타이위를 따라 잡아봐!

(track 039)

저자 음성

네 멋대로 이야기하지 마!

초급

Bié shuō le.

别说了。

중급

Bú rènshi jiù bié luànshuō!

不认识就别乱说!

고급

Búyào suíbiàn shuō.

不要随便说。

네이티브

Shénme dōu bù dǒng, shuō shénme ne?

什么都不懂，说什么呢?

> 타이위가 풀어보는 문화

중국의 매운 향신료 맛 요리

✧ **시앙라 씨리에 香辣系列 xiānglà xìliè**
다양한 향신료와 고추를 사용해 만든 향이 강하고 매콤한 요리예요. 마라와 달리 화자오보다는 고추와 각종 향신료의 향이 두드러지는 것이 특징이에요!

시앙라 씨에

香辣蟹 xiānglà xiè
게를 향신료와 고추로 볶은 대표적인 시앙라 요리

시앙라 찌츠

香辣鸡翅 xiānglà jīchì
닭날개를 향신료와 고추로 볶아 매콤하고 향긋한 맛이 특징

시앙라 떠우푸

香辣豆腐 xiānglà dòufu
두부를 향신료 소스로 볶은 매콤한 요리

Unit 14

내가 너한테 소개해 줄게.

영상 보기

✚ 에피소드를 알아야 써 먹지!   (track 040)

음원 듣기

【 친구에게 여자 친구 소개하기 】

워 게이 니 찌에쌰오 이씨아 쪄 스 워 뉘펑여우
Wǒ gěi nǐ jièshào yíxià, zhè shì wǒ nǚpéngyou.

니 하오 워 팅슈어 니 스 샨동 더
Nǐ hǎo, wǒ tīngshuō nǐ shì Shāndōng de.

워 라이쯔 시안 아 샨동 더 스 쉐이
Wǒ láizì Xī'ān a. Shāndōng de shì shéi?

아 샨동 더 스 니 치엔 뉘여우 마   하이스 치엔 치엔 뉘여우
Á, Shāndōng de shì nǐ qián nǚyǒu ma? Háishi qián qián nǚyǒu?

니 시앙 쓰 마
Nǐ xiǎng sǐ ma?

단어 뉘펑여우 女朋友 nǚpéngyou 명 여자 친구 | 팅슈어 听说 tīngshuō 동 듣자하니 | 샨동 山东 Shāndōng 고유 산둥 | 라이쯔 来自 láizì 동 ~에서 오다 | 시안 西安 Xī'ān 고유 시안 | 쉐이 谁 shéi 대 누구 |

✦ 표현 이해하기!

◇ 给 gěi는 기본적으로 동사 '주다'라는 의미로 쓰여. 给AB라고 하면 'A에게 B를 주다'라는 뜻으로 해석하면 돼! 하지만 이번 대화에서는 전치사 '~에게 ~를 하다'라는 의미로 给 + A + 동사 표현으로 쓰였어!

> 내가 너한테 소개해 줄게. 여기는 내 여자친구야.
> 我给你介绍一下，这是我女朋友。

> 안녕하세요. 산둥에서 왔다고 들었습니다.
> 你好，我听说你是山东的。

> 저 시안에서 왔는데요. 산둥에서 온 건 누구야?
> 我来自西安啊。山东的是谁？

> 아, 산둥에서 온 건 전 여친인가? 아니면 전전 여친인가?
> 啊，山东的是你前女友吗？还是前前女友？

> 죽을래?
> 你想死吗？

치엔 前 qián 몡 이전 | 뉘여우 女友 nǚyǒu 몡 여성 친구 | 하이스 还是 háishi 젭 또는, 아니면 | 쓰 死 sǐ 동 죽다

무한 반복이 답이야!

STEP 1 귀로 익히는 패턴 (track 041)   1 → 2 → 3   천천히 보통 현지인

◇ 워 게이 니 찌에샤오 이씨아   Wǒ gěi nǐ jièshào yíxià.

◇ 게이 니 치엔 부용 쟈오 러   Gěi nǐ qián, búyòng zhǎo le.

◇ 커이 게이 워먼 투이찌엔 이씨아 마   Kěyǐ gěi wǒmen tuījiàn yíxià ma?

◇ 게이 워 거 미엔즈   Gěi wǒ ge miànzi.

STEP 2 눈으로 익히는 패턴

◇ Wǒ gěi nǐ jièshào yíxià.   我给你介绍一下。

◇ Gěi nǐ qián, búyòng zhǎo le.   给你钱，不用找了。

◇ Kěyǐ gěi wǒmen tuījiàn yíxià ma?   可以给我们推荐一下吗？

◇ Gěi wǒ ge miànzi.   给我个面子。

STEP 3 　 입으로 익히는 패턴

✧ 我给你介绍一下。　　　　　　내가 너한테 소개해 줄게.

✧ 给你钱，不用找了。　　　　　여기 돈, 잔돈은 가져.

✧ 可以给我们推荐一下吗?　　　우리에게 추천해 줄 수 있어?

✧ 给我个面子。　　　　　　　　체면 좀 세워 주라.

* 부용 不用 búyòng 부 ~할 필요 없다 | 쟈오 找 zhǎo 동 거슬러 주다 | 커이 可以 kěyǐ 동 ~할 수 있다 | 투이찌엔 推荐 tuījiàn 동 추천하다 | 미엔즈 面子 miànzi 명 체면

STEP 4 　 손으로 익히는 패턴

✧ 내가 너한테 소개해 줄게.

✧ 여기 돈, 잔돈은 가져.

✧ 우리에게 추천해 줄 수 있어?

✧ 체면 좀 세워 주라.

타이위를 따라 잡아봐!

(track 042)

저자 음성

잔돈은 가져.

초급

Búyào le.

不要了。

중급

Língqián búyòng le.

零钱不用了。

고급

Búyòng la, suàn le.

不用啦，算了。

네이티브

Búyòng zhǎo le.

不用找了。

타이위가 풀어보는 문화

중국의 새콤매콤 요리

✧ **쑤안라 씨리에** 酸辣系列 suānlà xìliè

식초의 신맛과 고추의 매운맛이 조화를 이룬 중국 요리의 대표적인 맛이에요. 주로 국물 요리나 전채 요리에 많이 사용되며, 개운하고 자극적인 맛이 특징이에요.

쑤안라 탕

酸辣汤 suānlà tāng
버섯, 두부, 계란이 들어간 새콤 매콤한 중국 대표 국물 요리

쑤안라 투떠우 쓰

酸辣土豆丝 suānlà tǔdòu sī
감자 채 썰기를 새콤매콤하게 볶은 인기 밑반찬

쑤안라 펀

酸辣粉 suānlà fěn
고구마 전분면을 쑤안라 국물에 말아먹는 길거리 음식

Unit 15

세 살배기도 알겠다.

✦ 에피소드를 알아야 써 먹지! （track 043）

【 세상 물정 모르는 친구 놀리기 】

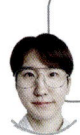
워 떠우 뿌 즈따오 페이지샹 후이 파 판
Wǒ dōu bù zhīdào fēijīshang huì fā fàn.

리엔 싼 쑤이 샤오할 떠우 즈따오
Lián sān suì xiǎoháir dōu zhīdào.

하이여우 션머 샤오 티에스 마
Háiyǒu shénme xiǎo tiēshì ma?

쭈어 페이지 이띵 야오 투어 시에
Zuò fēijī yídìng yào tuō xié.

하오 아 챠디얼 지우 야오 메이 리마오 러
Hǎo a, chàdiǎnr jiù yào méi lǐmào le.

단어 페이지 飞机 fēijī 명 비행기 | 파 판 发饭 fā fàn 밥을 내 주다 | 쑤이 岁 suì 양 나이를 세는 단위 |
샤오할 小孩儿 xiǎoháir 명 어린아이 | 티에스 贴士 tiēshì 명 팁 | 투어 시에 脱鞋 tuō xié 신발을 벗다 |

100

✚ 표현 이해하기!

◇ 连…都 lián…dōu는 '심지어 ~까지도, ~조차도'라는 의미로 의외성, 반전, 강조 표현에서 자주 사용돼. 都를 也 yě로 바꿔 쓸 수 있어.

◇ 差点儿 chàdiǎnr은 '하마터면 ~할 뻔하다'라는 뜻으로 실제로는 그 일이 일어나진 않았지만, 아주 가까운 상황이었다는 뉘앙스를 주는 표현이야. 이 표현은 일반적으로 부정적인 일에 자주 쓰고 활용도가 높은 표현이라 알아 두면 좋아!

나는 비행기에서 밥을 준다는 것도 몰랐어.
我都不知道飞机上会发饭。

세 살배기도 알겠다.
连三岁小孩儿都知道。

또 혹시 꿀팁 있어?
还有什么小贴士吗?

비행기 탈 때 꼭 신발을 벗어야 돼.
坐飞机一定要脱鞋。

오키, 하마터면 예의 없을 뻔했네.
好啊，差点儿就要没礼貌了。

챠디얼 差点儿 chàdiǎnr 부 하마터면 | 리마오 礼貌 lǐmào 명 예의

무한 반복이 답이야!

STEP 1 　귀로 익히는 패턴　(track 044)

1 → 2 → 3
천천히　보통　현지인

◇ 리엔 싼 쑤이 샤오할 떠우 즈따오　　　Lián sān suì xiǎohái r dōu zhīdào.

◇ 리엔 타 예 메이여우 치엔　　　Lián tā yě méiyǒu qián.

◇ 리엔 워 예 쌍땅 러　　　Lián wǒ yě shàngdàng le.

◇ 리엔 워 떠우 부 런스 타　　　Lián wǒ dōu bú rènshi tā.

STEP 2 　눈으로 익히는 패턴

◇ Lián sān suì xiǎohái r dōu zhīdào.　　　连三岁小孩儿都知道。

◇ Lián tā yě méiyǒu qián.　　　连他也没有钱。

◇ Lián wǒ yě shàngdàng le.　　　连我也上当了。

◇ Lián wǒ dōu bú rènshi tā.　　　连我都不认识他。

STEP 3 입으로 익히는 패턴

◆ 连三岁小孩儿都知道。　　　세 살배기도 알겠다.

◆ 连他也没有钱。　　　　　　걔조차도 돈이 없어.

◆ 连我也上当了。　　　　　　나조차도 사기 당했어.

◆ 连我都不认识他。　　　　　나조차도 걔를 몰라.

* 쌍땅 上当 shàngdàng 통 속다, 속임수에 걸리다

STEP 4 손으로 익히는 패턴

◆ 세 살배기도 알겠다.

◆ 걔조차도 돈이 없어.

◆ 나조차도 사기 당했어.

◆ 나조차도 걔를 몰라.

Unit 15　103

타이위를 따라 잡아봐!

(track 045)

세 살배기도 알겠다.

초급: Dàjiā dōu zhīdào a!
大家都知道啊!

중급: Shéi bù zhīdào a!
谁不知道啊!

고급: Lián sān suì xiǎoháir dōu zhīdào.
连三岁小孩儿都知道。

네이티브: Zhè hái yòng shuō?
这还用说?

타이위가 풀어보는 문화

저가형 밀크티

◇ **미 쉬에 삥청 蜜雪冰城 Mì xuě Bīngchéng**

중국에서 가장 인기 있는 저가형 밀크티 브랜드예요. 한국 돈 800원~2,400원 정도의 저렴한 가격으로 다양한 음료를 제공하며, 전국 어디서나 쉽게 찾을 수 있어요.
가성비가 뛰어나 학생들과 젊은층에게 특히 인기가 높아요. 간단한 재료로 만들어 맛은 기본적이지만, 부담 없는 가격으로 언제든 즐길 수 있는 것이 장점이지요.

+인기메뉴!

쪈쥬 나이차
zhēnzhū nǎichá
珍珠奶茶
기본 버블티

진주밀크티

닝멍 쉐이
níngméng shuǐ
柠檬水
상큼한 레몬 음료

레몬워터

야오야오 나이시
yáoyáo nǎixī
摇摇奶昔
시원한 밀크셰이크

요요밀크셰이크

쓰찌 츈챠
sìjì chūnchá
四季春茶
대만식 우롱차

사계춘차

Unit 16
나도 일부러 그러는 거 아니잖아.

영상 보기

✦ 에피소드를 알아야 써 먹지! (track 046)

음원 듣기

【 억울함 표현하기 】

니 스 뿌 시앙 후안 워 치엔 바
Nǐ shì bù xiǎng huán wǒ qián ba?

워 예 부 스 꾸이 더 마 워 마 셩삥 러
Wǒ yě bú shì gùyì de ma, wǒ mā shēngbìng le.

나 뿌 하오이스 러 타 날 뿌 슈푸
Nà bù hǎoyìsi le, tā nǎr bù shūfu?

간마오 러
Gǎnmào le.

니 여우 삥 바
Nǐ yǒu bìng ba.

단어 후안 还 huán 동 갚다 | 치엔 钱 qián 명 돈 | 꾸이 故意 gùyì 부 고의로, 일부러 | 셩삥 生病 shēngbìng 동 병이 나다 | 뿌 하오이스 不好意思 bù hǎoyìsi 미안하다 | 날 哪儿 nǎr 대 어디 |

✦ 표현 이해하기!

◇ 嘛 ma는 당연한 걸 말할 때, 억울하거나 설명하고 싶을 때 문장 끝에 쓰는 어기조사야. 우리말로 보통 '~잖아, ~하잖아, ~니까'처럼 해석돼. 또한 嘛 ma가 干 gàn '하다'와 같이 쓰이면 경성이 아니라 2성으로 발음해. (*202 페이지 참고)

너 내 돈 갚기 싫은거지?
你是不想还我钱吧?

나도 일부러 그러는 거 아니잖아. 어머니가 아파.
我也不是故意的嘛，我妈生病了。

그럼 미안해, 어디가 아프신데?
那不好意思了，她哪儿不舒服?

감기 걸리셨어.
感冒了。

미친X.
你有病吧。

슈푸 舒服 shūfu 형 편안하다 | 간마오 感冒 gǎnmào 동 감기에 걸리다 | 삥 病 bìng 명 병

무한 반복이 답이야!

STEP 1 귀로 익히는 패턴 (track 047)

1 천천히 → 2 보통 → 3 현지인

◇ 워 부 스 꾸이 더 마   Wǒ bú shì gùyì de ma.

◇ 워 자오 찌우 슈어 러 마   Wǒ zǎo jiù shuō le ma.

◇ 타 쭈이찐 헌 망 마   Tā zuìjìn hěn máng ma.

◇ 타 삐찡 스 워 펑여우 마   Tā bìjìng shì wǒ péngyou ma.

STEP 2 눈으로 익히는 패턴

◇ Wǒ bú shì gùyì de ma.   我不是故意的嘛。

◇ Wǒ zǎo jiù shuō le ma.   我早就说了嘛。

◇ Tā zuìjìn hěn máng ma.   他最近很忙嘛。

◇ Tā bìjìng shì wǒ péngyou ma. 他毕竟是我朋友嘛。

STEP 3 입으로 익히는 패턴

◇ 我不是故意的嘛。　　　　　내가 일부러 그러는 거 아니잖아.

◇ 我早就说了嘛。　　　　　　내가 진작 말했잖아.

◇ 他最近很忙嘛。　　　　　　걔 최근에 바쁘잖아.

◇ 他毕竟是我朋友嘛。　　　　걔 그래도 내 친구잖아.

* 자오 早 zǎo 형 이르다, 빠르다 | 쭈이찐 最近 zuìjìn 명 최근, 요즈음 | 망 忙 máng 형 바쁘다 | 삐찡 毕竟 bìjìng 부 결국, 어쨌든

STEP 4 손으로 익히는 패턴

◇ 내가 일부러 그러는 거 아니잖아.

◇ 내가 진작 말했잖아.

◇ 걔 최근에 바쁘잖아.

◇ 걔 그래도 내 친구잖아.

타이위를 따라 잡아봐!

(track 048)

洗澡歌
#목욕 송

마오찐 위마오 샤오 야야 쉐이원 깡깡 하오
máojīn yùmào xiǎo yāyā shuǐwēn gānggāng hǎo
毛巾浴帽小鸭鸭水温刚刚好

포어포어 쉐이 라이 추어 파오파오 찐티엔 쩐 스 메이 먀오
pōpō shuǐ lái cuō pàopao jīntiān zhēn shì měimiào
泼泼水来搓泡泡今天真是美妙

따셩 챵 꺼 니우니우야오 워 아이 시시자오
dàshēng chàng gē niǔniǔyāo wǒ ài xǐxǐzǎo
大声唱歌扭扭腰我爱洗洗澡

【의미】
수건, 목욕 모자, 작은 오리, 수온이 딱 좋아
물을 뿌리고 거품을 문지르니 오늘 정말 멋져
큰 소리로 노래하고 허리를 흔들며 나는
목욕하는 걸 사랑해

타이위가 풀어보는 문화

프리미엄 밀크티

✧ 시 챠 喜茶 Xǐ Chá

중국의 대표적인 프리미엄 밀크티 브랜드로, 고품질 차와 신선한 과일을 사용해요. 세련된 매장 디자인과 인스타그램용 예쁜 음료로 젊은층에게 인기가 높아요. 한국 돈 3,000원~6,000원 정도의 가격대로 미 쉬에 뻥청보다 비싸지만, 프리미엄 재료와 독특한 맛 조합으로 차별화를 꾀하지요.

✦ 시그니처 메뉴!

즈즈 메이메이
zhīzhī méiméi
芝芝莓莓
치즈폼과 딸기 조합

뚜어러우 푸타오
duōròu pútao
多肉葡萄
포도와 알로에 음료

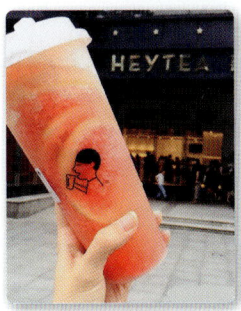

만뻬이 홍여우
mǎnbēi hóngyòu
满杯红柚
자몽이 가득한 과일차

즈즈 망망
zhīzhī mángmáng
芝芝芒芒
치즈폼과 망고 조합

Unit 16 111

Unit 17
나 어디서 너 본 적 있는 것 같아.

영상 보기

✚ 에피소드를 알아야 써 먹지! (track 049)

음원 듣기

【 과거 경험했던 일 말하기 】

워 하오씨앙 짜이 날 찌엔 꾸어 니
Wǒ hǎoxiàng zài nǎr jiàn guo nǐ.

커넝 스 짜이 에스엔에스샹 칸따오 꾸어 바
Kěnéng shì zài SNSshang kàndào guo ba.

부 뚜이 워 즈치엔 하오씨앙 칸따오 꾸어 니 짜이 루샹 냐오냐오
Bú duì, wǒ zhīqián hǎoxiàng kàndào guo nǐ zài lùshang niàoniào.

워 쪄 따쭝 리엔   (후 챠디얼 뻬이 파씨엔 러)
Wǒ zhè dàzhòng liǎn. (Hū, chàdiǎnr bèi fāxiàn le.)

단어 하오씨앙 好像 hǎoxiàng 📖 마치 ~과 같다 | 날 哪儿 nǎr 📖 어디, 어느 | 찌엔 见 jiàn 📖 만나다 |
커넝 可能 kěnéng 📖 가능하다 | 즈치엔 之前 zhīqián 📖 ~의 전 | 루샹 路上 lùshang 📖 길 위, 노상 |

✦ **표현 이해하기!**

✧ 동사 + 过 guo는 '~한 적이 있다'라는 의미로 과거의 경험을 말할 때 사용해. 부정형은 没 méi + 동사 + 过로 표현해서 과거에 그런 경험이 없다는 것을 말하지! 추가적으로 과거를 표현하는 了 le와의 차이점을 알려주자면, 了는 단순히 과거의 사실을 말하는 것이고, 过는 과거의 경험 자체에 초점을 둬서 강조하는 표현이야.

예를 들면, 我去日本了。Wǒ qù Rìběn le. '일본에 갔다.(사실 전달)', 我去过日本。Wǒ qù guo Rìběn. '일본에 가본 적 있다.(경험 강조)' 이렇게 말할 수 있어.

나 어디서 너 본 적 있는 것 같아.
我好像在哪儿见过你。

아마 SNS에서 봤을 수 있어.
可能是在SNS上看到过吧。

아닌데, 저번에 길에서 오줌 싸는 거 본 거 같은데.
不对，我之前好像看到过你在路上尿尿。

제가 흔하게 생긴 얼굴이라. (휴, 들킬 뻔했다.)
我这大众脸。　　　　　　（呼，差点儿被发现了。）

냐오 尿 niào 몡 소변 동 소변을 보다 | 따쭝 리엔 大众脸 dàzhòng liǎn 흔하디 흔한 대중적이고 평범한 얼굴 | 후 呼 hū 의성어 | 뻬이 被 bèi 전 ~에게 당하다 | 파씨엔 发现 fāxiàn 동 발견하다

무한 반복이 답이야!

STEP 1 귀로 익히는 패턴 (track 050)
1 → 2 → 3
천천히 보통 현지인

◇ 워 하오씨앙 짜이 날 찌엔 꾸어 니　　Wǒ hǎoxiàng zài nǎr jiàn guo nǐ.

◇ 니 취 꾸어 한구어 메이여우　　Nǐ qù guo Hánguó méiyǒu?

◇ 워 메이 팅 꾸어 쪄 셔우 꺼　　Wǒ méi tīng guo zhè shǒu gē.

◇ 워 이치엔 츠 꾸어 카오위　　Wǒ yǐqián chī guo kǎoyú.

STEP 2 눈으로 익히는 패턴

◇ Wǒ hǎoxiàng zài nǎr jiàn guo nǐ.　　我好像在哪儿见过你。

◇ Nǐ qù guo Hánguó méiyǒu?　　你去过韩国没有?

◇ Wǒ méi tīng guo zhè shǒu gē.　　我没听过这首歌。

◇ Wǒ yǐqián chī guo kǎoyú.　　我以前吃过烤鱼。

STEP 3 　 입으로 익히는 패턴

◆ 我好像在哪儿见过你。　　　나 어디서 너 본 적 있는 것 같아.

◆ 你去过韩国没有?　　　너 한국에 가 본 적 없어?

◆ 我没听过这首歌。　　　나 이 노래 들어 본 적 없어.

◆ 我以前吃过烤鱼。　　　나 예전에 카오위 먹어 본 적 있어.

* 팅 听 tīng 통 듣다 | 셔우 首 shǒu 양 노래를 세는 단위 | 꺼 歌 gē 명 노래 | 이치엔 以前 yǐqián 명 이전 | 카오위 烤鱼 kǎoyú 명 카오위(요리명)

STEP 4 　 손으로 익히는 패턴

◆ 나 어디서 너 본 적 있는 것 같아.

◆ 너 한국에 가 본 적 없어?

◆ 나 이 노래 들어 본 적 없어.

◆ 나 예전에 카오위 먹어 본 적 있어.

타이위를 따라 잡아봐!

(track 051)

나 어디서 너 본 적 있는 것 같아.

초급

我见过你。

중급

我可能见过你啊。

고급

我好像在哪儿见过你。

네이티브

我们俩早就认识了吧。

타이위가 풀어보는 문화

중국 전통 밀크티

✧ **빠왕 챠찌** 霸王茶姬 Bàwáng Chájī

중국 전통 차 문화와 현대적인 밀크티를 결합한 브랜드로, 전통적인 매장 디자인과 중국 고유의 차를 사용해 독특한 정체성을 가지고 있어요. 중간 가격대로 전통과 현대가 조화된 맛을 추구하며, 중국 문화에 관심이 있는 사람들에게 특히 인기가 높아요.

✦ 시그니처 메뉴!

보어야 쥐에시엔
bóyá juéxián
伯牙绝弦
자스민, 녹차와 우유의 결합

츈르 타오타오
chūnrì táotáo
春日桃桃
복숭아, 우유, 우롱차의 결합

꾸이푸 란시앙
guìfù lánxiāng
桂馥兰香
계화(桂花)·난초(兰) 향의 차와 우유의 결합

바이우 홍쳔
báiwù hóngchén
白雾红尘
백차(白茶)와 우유의 결합

Unit 18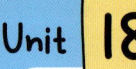

냄새를 맡으니 너무 맛있겠어요.

영상 보기

✚ 에피소드를 알아야 써 먹지! (track 052)

음원 듣기

【 음식 냄새 맡으며 말하기 】

차이 떠우 치 러 아
Cài dōu qí le a.

와 원 져 팅 시앙 더
Wā! Wén zhe tǐng xiāng de.

간진 쳔 러 츠 바
Gǎnjǐn chèn rè chī ba.

쩌 부 스 렁미엔 마
Zhè bú shì lěngmiàn ma?

단어 차이 菜 cài 명 요리 | 치 齐 qí 형 완비하다 | 원 闻 wén 동 맡다 | 시앙 香 xiāng 형 (음식이) 맛있다 |
간진 赶紧 gǎnjǐn 부 재빨리, 즉시 | 쳔 趁 chèn 전 틈타서, (기회·조건 등을) 이용해서 |

118

✦ 표현 이해하기!

✧ 동사 뒤에 쓰이는 着 zhe는 어떤 동작, 행위가 이루어지고 있거나, 상태가 지속되고 있음을 나타내. 보통 着가 쓰인 문장 맨 마지막에는 呢 ne가 같이 나오는 경우가 많아. 해석은 '~하고 있다, ~하면서'라고 하면 돼. 진행형 在 zài와 많이 헷갈릴 수 있어.
다만 在는 동작이 지금 한창 진행 중임을 강조할 때 쓰고, 着는 동작이나 상태가 계속 이어지고 있음을 나타낼 때 쓰이니까 잘 구분해야 해.

음식 다 나왔습니다.
菜都齐了啊。

와! 냄새를 맡으니 너무 맛있겠어요.
哇! 闻着挺香的。

최대한 뜨거울 때 드세요.
赶紧趁热吃吧。

이거 냉면 아니에요?
这不是冷面吗?

렁미엔 冷面 lěngmiàn 뗑 냉면(요리명)

무한 반복이 답이야!

STEP 1 귀로 익히는 패턴 (track 053)

1 천천히 → 2 보통 → 3 현지인

◆ 원 져 팅 시앙 더   Wén zhe tǐng xiāng de.

◆ 칸 져 떠우 텅 아   Kàn zhe dōu téng a.

◆ 니 나 져 바   Nǐ ná zhe ba.

◆ 워먼 쭈어 져 랴오티엔 바   Wǒmen zuò zhe liáotiān ba.

STEP 2 눈으로 익히는 패턴

◆ Wén zhe tǐng xiāng de.   闻着挺香的。

◆ Kàn zhe dōu téng a.   看着都疼啊。

◆ Nǐ ná zhe ba.   你拿着吧。

◆ Wǒmen zuò zhe liáotiān ba.   我们坐着聊天吧。

STEP 3 　입으로 익히는 패턴

◇ 闻着挺香的。　　　　　　　냄새를 맡으니 너무 맛있겠다.

◇ 看着都疼啊。　　　　　　　보는 내가 다 아파.

◇ 你拿着吧。　　　　　　　　너가 들고 있어 봐.

◇ 我们坐着聊天吧。　　　　　우리 앉아서 이야기하자.

* 텅 疼 téng [형] 아프다 | 랴오티엔 聊天 liáotiān [동] 이야기를 나누다

STEP 4 　손으로 익히는 패턴

◇ 냄새를 맡으니 너무 맛있겠다.

◇ 보는 내가 다 아파.

◇ 너가 들고 있어 봐.

◇ 우리 앉아서 이야기하자.

타이위를 따라 잡아봐!

(track 054)

 小小的花园里面挖呀挖呀挖
#작은 정원을 파요 파요

짜이 샤오샤오 더 후아위엔 리미엔 와 야 와 야 와
zài xiǎoxiǎo de huāyuán lǐmiàn, wā ya wā ya wā
在小小的花园里面，挖呀挖呀挖

쫑 샤오샤오 더 종즈 카이 샤오샤오 더 후아
zhòng xiǎoxiǎo de zhǒngzi, kāi xiǎoxiǎo de huā
种小小的种子，开小小的花

짜이 따따 더 후아위엔 리미엔 와 야 와 야 와
zài dàdà de huāyuán lǐmiàn, wā ya wā ya wā
在大大的花园里面，挖呀挖呀挖

쫑 따따 더 종즈 카이 따따 더 후아
zhòng dàdà de zhǒngzi, kāi dàdà de huā
种大大的种子，开大大的花

【 의미 】
작은 정원 안에서, 파요 파요 파요
작은 씨앗을 심어요, 작은 꽃이 피어요
큰 정원 안에서, 파요 파요 파요
큰 씨앗을 심어요, 큰 꽃이 피어요

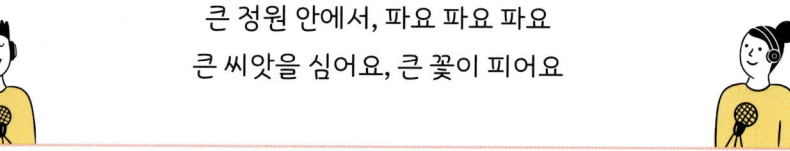

타이위가 풀어보는 문화

과일 밀크티

✧ **챠 바이 따오** 茶百道 Chá Bǎi Dào

신선한 과일과 우유를 조합한 달콤한 밀크티가 특징인 브랜드예요. 특히 과일의 신선함을 살린 음료들로 여성 고객층에게 인기가 높아요. 한국 돈 2,000원~4,000원 정도의 중간 가격대로, 과일의 자연스러운 단맛과 부드러운 우유의 조합이 매력적이지요. 계절별로 다양한 과일 음료를 출시해 항상 새로운 맛을 경험할 수 있어요.

+ 시그니처 메뉴!

양즈 깐루
yángzhī gānlù
杨枝甘露
코코넛 밀크가 베이스. 망고, 자몽 과육이 들어가 달콤한 맛이 특징

떠우루 위치린
dòurǔ yùqílín
豆乳玉麒麟
위치린 차가 베이스. 두유 맛 치즈와 콩가루 토핑이 특징

쨔오파이 위위엔 나이챠
zhāopái yùyuán nǎichá
招牌芋圆奶茶
챠 바이 따오의 대표 밀크티

시구아 보어보어
xīguā bobo
西瓜啵啵
수박 주스가 베이스. '보어 보어'라고 불리는 크리스탈 펄 토핑이 바닥에 깔려 있음

Unit 18

Unit 19
나 지난달에 장자제에 갔었어.

✚ 에피소드를 알아야 써 먹지! (track 055)

【 과거에 끝낸 일 말하기 】

워 쌍 거 위에 취 러 쨩찌아찌에
Wǒ shàng ge yuè qù le Zhāngjiājiè.

여우 취 러 취니엔 쯍치우지에 부 스 예 취 러
Yòu qù le? Qùnián Zhōngqiūjié bú shì yě qù le?

응 응 취니엔 츈지에 예 취 러
Ǹg ng, qùnián Chūnjié yě qù le.

쨩찌아찌에 쪈 더 나머 하오 마
Zhāngjiājiè zhēn de nàme hǎo ma?

나 스 워 라오찌아 야
Nà shì wǒ lǎojiā ya.

단어 쌍 거 위에 上个月 shàng ge yuè 지난달 | 쨩찌아찌에 张家界 Zhāngjiājiè [고유] 장자제 |
취니엔 去年 qùnián [명] 작년 | 쯍치우지에 中秋节 Zhōngqiūjié [명] 추석, 중추절(중국 추석) |

124

✦ 표현 이해하기!

✧ 了 le는 동작이나 상태가 이미 완료되었음을 나타내는 '완료조사'라고 해! 즉, 동작이 과거에 이미 완료된 것을 강조할 때에는 동사 뒤에 了를 쓰면 돼.

나 지난달에 장자제에 갔었어.
我上个月去了张家界。

또 갔어? 작년 추석에도 가지 않았어?
又去了？去年中秋节不是也去了？

응 응, 작년 설날에도 갔어.
嗯嗯，去年春节也去了。

장자제가 그렇게 좋냐?
张家界真的那么好吗？

거기가 내 고향이야.
那是我老家呀。

응 嗯 ng 의성어 | 츈지에 春节 Chūnjié 명 설날, 춘절(중국 설) | 라오찌아 老家 lǎojiā 명 고향

무한 반복이 답이야!

STEP 1 | 귀로 익히는 패턴 (track 056) 1 → 2 → 3 천천히 보통 현지인

✧ 워 썅 거 위에 취 러 쨩찌아찌에
　Wǒ shàng ge yuè qù le Zhāngjiājiè.

✧ 워 자오샹 빠 디엔 츠 러 자오찬
　Wǒ zǎoshang bā diǎn chī le zǎocān.

✧ 니 주어티엔 마이 러 이푸 마
　Nǐ zuótiān mǎi le yīfu ma?

✧ 워 짜이 썅하이 따이 러 이 니엔
　Wǒ zài Shànghǎi dāi le yì nián.

STEP 2 | 눈으로 익히는 패턴

✧ Wǒ shàng ge yuè qù le Zhāngjiājiè.
　我上个月去了张家界。

✧ Wǒ zǎoshang bā diǎn chī le zǎocān.
　我早上八点吃了早餐。

✧ Nǐ zuótiān mǎi le yīfu ma?
　你昨天买了衣服吗?

✧ Wǒ zài Shànghǎi dāi le yì nián.
　我在上海待了一年。

STEP 3 입으로 익히는 패턴

✧ **我上个月去了**张家界。   나 지난달에 장자제에 갔었어.

✧ **我早上八点吃了**早餐。   나는 아침 8시에 아침 식사를 먹었어.

✧ **你昨天买了**衣服**吗**?   너 어제 옷 샀어?

✧ **我在上海待了**一年。   나는 상하이에서 1년 있었어.

* 자오샹 早上 zǎoshang 명 오전 | 디엔 点 diǎn 명 시(시간) | 자오찬 早餐 zǎocān 명 아침 식사 | 주어티엔 昨天 zuótiān 명 어제 | 썅하이 上海 Shànghǎi 고유 상하이 | 따이 待 dāi 동 머무르다

STEP 4 손으로 익히는 패턴

✧ 나 지난달에 장자제에 갔었어.

✧ 나는 아침 8시에 아침 식사를 먹었어.

✧ 너 어제 옷 샀어?

✧ 나는 상하이에서 1년 있었어.

타이위를 따라 잡아봐!

(track 057)

저자 음성

나는 상하이에서 1년 있었어.

초급

Wǒ yǐqián zhù zài Shànghǎi.

我以前住在上海。

중급

Wǒ zài Shànghǎi zhù le yì nián.

我在上海住了一年。

고급

Wǒ zài Shànghǎi dāi le yì nián.

我在上海待了一年。

네이티브

Wǒ zài Shànghǎi hùn le yì nián.

我在上海混了一年。

타이위가 풀어보는 문화

카페 메뉴

중국 카페에서 자주 볼 수 있는 커피 메뉴 표현을 정리했어요. 발음을 연습하고 기억해서 주문할 때 써 보세요.

메이스 카페이
měishì kāfēi
美式咖啡
아메리카노

나티에
nátiě
拿铁
라테

시앙차오 나티에
xiāngcǎo nátiě
香草拿铁
바닐라 라테

카뿌치누어
kǎbùqínuò
卡布奇诺
카푸치노

삥추이
bīngcuì
冰萃
콜드브루

씽삥러
xīngbīnglè
星冰乐
프라푸치노

Unit 19　129

Unit 20

나 또 살쪘어.

✦ 에피소드를 알아야 써 먹지! (track 058)

【 예전과 다른 변화 말하기 】

완 러 워 여우 팡 러
Wán le, wǒ yòu pàng le.

니 쭈이찐 야오 지엔페이 부 스 이즈 츠 샤라 마
Nǐ zuìjìn yào jiǎnféi, bú shì yìzhí chī shālā ma?

찌우스 아 밍밍 즈 츠 차오 전머 하이 팡 러 너
Jiùshì a, míngmíng zhǐ chī cǎo, zěnme hái pàng le ne?

슈어 더 예 스 따씨앙 예 즈 츠 차오 너
Shuō de yě shì… dàxiàng yě zhǐ chī cǎo ne.

니 시앙 쓰 마
Nǐ xiǎng sǐ ma?

단어 완 러 完了 wán le 망했다 | 이즈 一直 yìzhí 부 줄곧 | 샤라 沙拉 shālā 명 샐러드 | 찌우스 就是 jiùshì 부 그래 그래(단독으로 쓰여서 동의를 표시) |

✦ 표현 이해하기!

✧ 상황이 바뀌거나 변했을 경우 혹은 새로운 상황이 발생한 것을 말할 때에는 문장 끝에 了 le 를 붙여! 보통 형용사나 동사 뒤, 또는 문장 맨 끝에 쓰여서 '~해졌다, ~하게 됐다'라고 해석하면 돼. '지금은 상황이 달라졌어.'라는 느낌을 내고 싶을 때 써 봐!

망했다. 나 또 살쪘어.
完了，我又胖了。

너 요즘 다이어트해서 샐러드만 먹지 않아?
你最近要减肥，不是一直吃沙拉吗?

그러니까, 풀만 먹는데 왜 살이 찌는거야?
就是啊，明明只吃草，怎么还胖了呢?

하긴… 코끼리도 풀만 먹긴 하지.
说的也是…大象也只吃草呢。

죽고 싶니?
你想死吗?

차오 草 cǎo 명 풀 | 따씨앙 大象 dàxiàng 명 코끼리

무한 반복이 답이야!

STEP 1 귀로 익히는 패턴 (track 059)

1 → 2 → 3
천천히 보통 현지인

◇ 완 러 워 여우 팡 러   Wán le, wǒ yòu pàng le.

◇ 워 여우 뉘/난펑여우 러   Wǒ yǒu nǚ/nánpéngyou le.

◇ 샤오 펑여우 찐니엔 지 쑤이 러   Xiǎo péngyou jīnnián jǐ suì le?

◇ 짜오 러 씨엔짜이 지 디엔 러   Zāo le, xiànzài jǐ diǎn le?

STEP 2 눈으로 익히는 패턴

◇ Wán le, wǒ yòu pàng le.   完了，我又胖了。

◇ Wǒ yǒu nǚ/nánpéngyou le.   我有女/男朋友了。

◇ Xiǎo péngyou jīnnián jǐ suì le?   小朋友今年几岁了？

◇ Zāo le, xiànzài jǐ diǎn le?   糟了，现在几点了？

STEP 3 입으로 익히는 패턴

◆ 完了，我又胖了。　　　　　망했다. 나 또 살쪘어.

◆ 我有女/男朋友了。　　　　나 여자/남자 친구 생겼어.

◆ 小朋友今年几岁了？　　　　애기야, 올해 몇 살 됐니?

◆ 糟了，现在几点了？　　　　큰일났네, 지금 몇 시나 됐어?

* 샤오 펑여우 小朋友 xiǎo péngyou 어린아이 | 찐니엔 今年 jīnnián 명 올해 | 지 几 jǐ 수 몇 | 쑤이 岁 suì 양 나이를 세는 단위 | 짜오 糟 zāo 형 엉망이다 | 씨엔짜이 现在 xiànzài 명 현재, 지금

STEP 4 손으로 익히는 패턴

◆ 망했다. 나 또 살쪘어.

◆ 나 여자/남자 친구 생겼어.

◆ 애기야, 올해 몇 살 됐니?

◆ 큰일났네, 지금 몇 시나 됐어?

타이위를 따라 잡아봐!

track 060

저자 음성

나 또 살쪘어.

초급

Wǒ pàng le.

我胖了。

중급

Wǒ yòu pàng le.

我又胖了。

고급

Wǒ yòu pàng le hěn duō.

我又胖了很多。

네이티브

Yòu zhǎng ròu le.

又长肉了。

> 타이위가 풀어보는 문화

카페 필수 표현

카페에서 주문할 때 꼭 필요한 표현을 정리했어요. 발음을 연습하고 기억해서 원하는 스타일의 표현을 사용해 보세요.

따 뻬이
dà bēi
大杯
큰 사이즈

쭝 뻬이
zhōng bēi
中杯
중간 사이즈

터 따 뻬이
tè dà bēi
特大杯
특대 사이즈

삥 더
bīng de
冰的
차가운 거

러 더
rè de
热的
따뜻한 거

뚜어 삥
duō bīng
多冰
얼음 많이

Unit 20　135

Unit 21

나 좀 쉴게.

(track 061)

【 상대방에게 양해 구하기 】

싸오띠 타이 레이 러 랑 워 시에 이훨
Sǎodì tài lèi le, ràng wǒ xiē yíhuìr.

신쿠 러 띠 싸오 깐찡 러 마
Xīnkǔ le, dì sǎo gānjìng le ma?

뿌 즈따오 싸오띠 지치런 쯔지 후이 칸 져 빤 바
Bù zhīdào, sǎodì jīqìrén zìjǐ huì kàn zhe bàn ba.

나 니 쭈어 션머 러
Nà nǐ zuò shénme le?

다카이 카이꾸안
Dǎkāi kāiguān.

단어 싸오띠 扫地 sǎodì 동 청소하다 | 타이 러 太…了 tài…le 너무 ~하다 | 레이 累 lèi 형 피곤하다 | 시에 歇 xiē 동 쉬다, 휴식하다 | 이훨 一会儿 yíhuìr 양 잠시, 잠깐 | 신쿠 辛苦 xīnkǔ 형 고생스럽다 | 깐찡 干净 gānjìng

✦ 표현 이해하기!

◇ 让我… ràng wǒ…는 기본적으로 '내가 ~하게 해줘, 내가 ~할게, 나에게 ~하게 해'라는 뜻으로, 구어에서는 보통 상대에게 양해를 구하거나, 부탁하거나, 스스로 할 것을 말할 때 자주 써. 간단히 말해서 말하는 사람이 '자기 행동'을 표현하면서 상대의 동의를 구하는 말투야.

청소 너무 힘들어. 나 좀 쉴게.
扫地太累了，让我歇一会儿。

고생했네, 청소 깨끗이 했어?
辛苦了，地扫干净了吗？

몰라. 로봇 청소기가 알아서 잘 하고 있겠지.
不知道，扫地机器人自己会看着办吧。

그럼 너는 뭘 한 거야?
那你做什么了？

전원을 켰어.
打开开关。

형 깨끗하다 | 지치런 机器人 jīqìrén 명 로봇 | 쯔지 自己 zìjǐ 대 자기, 자신 | 빤 办 bàn 동 일하다, 처리하다 | 쭈어 做 zuò 동 하다 | 션머 什么 shénme 대 무엇, 무슨 | 다카이 打开 dǎkāi 동 열다 | 카이꾸안 开关 kāiguān 명 스위치

무한 반복이 답이야!

STEP 1 귀로 익히는 패턴 (track 062)

1 천천히 → 2 보통 → 3 현지인

- 랑 워 시에 이훨   Ràng wǒ xiē yíhuìr.

- 랑 워 라이 스스   Ràng wǒ lái shìshi.

- 랑 워 시앙시앙   Ràng wǒ xiǎngxiang.

- 랑 워 챵챵   Ràng wǒ chángchang.

STEP 2 눈으로 익히는 패턴

- Ràng wǒ xiē yíhuìr.   让我歇一会儿。

- Ràng wǒ lái shìshi.   让我来试试。

- Ràng wǒ xiǎngxiang.   让我想想。

- Ràng wǒ chángchang.   让我尝尝。

STEP 3　입으로 익히는 패턴

◇ 让我歇一会儿。　　　　나 좀 쉴게.

◇ 让我来试试。　　　　나 좀 해 볼게.

◇ 让我想想。　　　　나 생각 좀 할게.

◇ 让我尝尝。　　　　나 맛 좀 볼게.

STEP 4　손으로 익히는 패턴

◇ 나 좀 쉴게.

◇ 나 좀 해 볼게.

◇ 나 생각 좀 할게.

◇ 나 맛 좀 볼게.

타이위를 따라 잡아봐!

(track 063)

저자 음성

나 좀 쉴게.

초급

Wǒ xiǎng xiūxi.

我想休息。

중급

Ràng wǒ xiūxi yíxià ba.

让我休息一下吧。

고급

Ràng wǒ xiē yíhuìr.

让我歇一会儿。

네이티브

Fàng guo wǒ ba.

放过我吧。

> **타이위가 풀어보는 문화**

종류별 중국 꼬치 명칭 ①

중국의 꼬치 문화는 매우 발달되어 있으며, 다양한 재료로 만든 꼬치들이 길거리 곳곳에서 판매돼요. 각 꼬치의 명칭을 알아 두면 주문이 편리하겠죠?

◇ 고기 꼬치

양러우 츄안 yángròu chuàn
羊肉串 양고기 꼬치

니우러우 츄안 niúròu chuàn
牛肉串 소고기 꼬치

◇ 닭고기 꼬치

찌츠 츄안 jīchì chuàn
鸡翅串 닭날개 꼬치

찌신 츄안 jīxīn chuàn
鸡心串 닭염통 꼬치

◇ 채소 꼬치

지우차이 츄안 jiǔcài chuàn
韭菜串 부추 꼬치

치에즈 츄안 qiézi chuàn
茄子串 가지 꼬치

Unit 21　141

Unit 22

나 가스라이팅 당했어.

영상 보기

✦ 에피소드를 알아야 써 먹지! (track 064)

음원 듣기

【 누구에게 당한 표현 말하기 】

워 뻬이 피유에이 러
Wǒ bèi PUA le.

응 전머 뻬이 피유에이 러
Ńg? Zěnme bèi PUA le?

타 슈어 워 아이
Tā shuō wǒ ǎi.

나 부 스 피유에이 스 스스 아
Nà bú shì PUA, shì shìshí a.

비에 피유에이 워 러
Bié PUA wǒ le.

단어 아이 矮 ǎi 형 (키가) 작다 | 스스 事实 shìshí 명 사실

✦ 표현 이해하기!

◇ 被 bèi는 누군가에 의해 내가 어떤 일을 당했다는 것을 표현하는 어휘야. 보통 피해, 손해, 당한 일, 속거나, 혼나거나, 도둑맞은 상황에서 쓰여서 긍정적인 의미보다는 부정적인 의미를 나타내.

> 나 가스라이팅 당했어.
> 我被PUA了。

> 응? 어떻게 가스라이팅 당했는데?
> 嗯？怎么被PUA了？

> 걔가 나보고 키가 작대.
> 他说我矮。

> 그건 가스라이팅이 아니라 사실이잖아.
> 那不是PUA，是事实啊。

> 나를 가스라이팅 하지마.
> 别PUA我了。

무한 반복이 답이야!

STEP 1 | 귀로 익히는 패턴 (track 065)

1 → 2 → 3
천천히 보통 현지인

✧ 워 뻬이 피유에이 러 　　　　　Wǒ bèi PUA le.

✧ 니 뻬이 워 파시엔 러 　　　　　Nǐ bèi wǒ fāxiàn le.

✧ 니 뻬이 슈아이 러 마 　　　　　Nǐ bèi shuǎi le ma?

✧ 워 뻬이 피엔 러 　　　　　　　Wǒ bèi piàn le.

STEP 2 | 눈으로 익히는 패턴

✧ Wǒ bèi PUA le. 　　　　　　　我被PUA了。

✧ Nǐ bèi wǒ fāxiàn le. 　　　　　你被我发现了。

✧ Nǐ bèi shuǎi le ma? 　　　　　你被甩了吗?

✧ Wǒ bèi piàn le. 　　　　　　　我被骗了。

STEP 3 입으로 익히는 패턴

✧ 我被PUA了。　　　　　　나 가스라이팅 당했어.

✧ 你被我发现了。　　　　　너 나한테 들켰어.

✧ 你被甩了吗?　　　　　　너 차였어?

✧ 我被骗了。　　　　　　　나 속았어.

* 슈아이 甩 shuǎi 동 떼어 놓다 | 피엔 骗 piàn 동 속이다

STEP 4 손으로 익히는 패턴

✧ 나 가스라이팅 당했어.

✧ 너 나한테 들켰어.

✧ 너 차였어?

✧ 나 속았어.

> **타이위를 따라 잡아봐!** (track 066)

 # 我姓石
#내 성은 석 씨

워 씽 스 우룬 허 스 위 니 시앙스 워 떠우 즈
wǒ xìng Shí, wúlùn hé shí yǔ nǐ xiāngshí wǒ dōu zhí
我姓石，无论何时与你相识我都值

워 씽 스 즈 비 시에 쯔 여우루 쮠마 짜이 번츠
wǒ xìng Shí, zhǐ bǐ xiě zì yóurú jùnmǎ zài bēnchí
我姓石，纸笔写字犹如骏马在奔驰

워 씽 스 찐방 션츠 즈비 짜이이 루어비 즈
wǒ xìng Shí, jīnbǎng shénchí zhíbǐ zàiyì luòbǐ zhí
我姓石，金榜神驰执笔在意落笔值

워 씽 스 까오찌에 위엔스 런 루 치 밍 헌 우츠
wǒ xìng Shí, gāojiē yuǎnshì rén rú qí míng hěn wúchǐ
我姓石，高阶远视人如其名很无耻

【 의미 】
내 성은 석(石)씨, 언제든 너랑 만날 수 있다면 나는 가치 있다고 봐.
내 성은 석씨, 글을 쓸 때는 명마가 질주하는 것과 같지.
내 성은 석씨, 글을 쓸 때는 붓을 내려 놓을 때의 가치를 중요하게 여기지.
내 성은 석씨, 높고 지혜로운 이는 이름에 걸맞게 뻔뻔하지.

타이위가 풀어보는 문화

종류별 중국 꼬치 명칭 ②

◆ 해산물 꼬치

시아 츄안
xiā chuàn
虾串 새우 꼬치

여우위 츄안
yóuyú chuàn
鱿鱼串 오징어 꼬치

◆ 버섯 꼬치

시앙꾸 츄안
xiānggū chuàn
香菇串 표고버섯 꼬치

찐쪈꾸 츄안
jīnzhēngū chuàn
金针菇串 팽이버섯 꼬치

◆ 탄수화물 꼬치

만터우 피엔 츄안
mántou piàn chuàn
馒头片串 꽃빵 꼬치

카오 위미 츄안
kǎo yùmǐ chuàn
烤玉米串 옥수수구이 꼬치

Unit 23

너 그냥 거절해 버려.

영상 보기

✦ 에피소드를 알아야 써 먹지! (track 067)

음원 듣기

【 행동 끝내 버리기 】

여우 거 펑여우 랑 워 빵 타 쭈어 쭈어예
Yǒu ge péngyou ràng wǒ bāng tā zuò zuòyè.

니 즈지에 쮜쮜에땨오 베이 타 난따오 메이 셔우 마
Nǐ zhíjiē jùjuédiào bei. Tā nándào méi shǒu ma?

커스 워 시후안 타 아
Kěshì wǒ xǐhuan tā a.

쩌거 셔후이 스 데이 후시앙 빵쮸
Zhège shèhuì shì děi hùxiāng bāngzhù.

단어 쭈어예 作业 zuòyè 명 숙제 | 즈지에 直接 zhíjiē 형 직접의, 직접적인 | 쮜쮜에 拒绝 jùjué 동 거절하다 |
베이 呗 bei 어미조사 | 난따오 难道 nándào 부 설마 ~하겠는가 | 셔우 手 shǒu 명 손 |

✦ 표현 이해하기!

✧ 동사 뒤에 쓰이는 掉 diào는 '~해 버리다, ~해 없애다'라는 의미로 동작이 끝나는 완료나 어떠한 것이 제거되는 결과를 나타내. 어떤 동작이 완료되어 더 이상 영향이 없음을 강조하는 의미는 회화 표현으로 자주 사용돼!

어떤 친구가 나보고 과제하는 것 좀 도와 달래.
有个朋友让我帮他做作业。

너 그냥 거절해 버려. 걔는 손이 없냐?
你直接拒绝掉呗。他难道没手吗?

근데 내가 좋아하는 애야.
可是我喜欢她啊。

서로 돕고 사는 사회가 돼야지.
这个社会是得互相帮助。

시후안 喜欢 xǐhuan 동 좋아하다 | 셔후이 社会 shèhuì 명 사회 | 데이 得 děi 조동 ~해야 한다 | 후시앙 互相 hùxiāng 부 서로, 상호 | 빵쮸 帮助 bāngzhù 동 돕다

Unit 23 **149**

무한 반복이 답이야!

STEP 1 귀로 익히는 패턴 (track 068) 1 천천히 → 2 보통 → 3 현지인

◇ 니 즈지에 쮜쮜에땨오 베이   Nǐ zhíjiē jùjuédiào bei.

◇ 바 라지 떠우 렁땨오   Bǎ lājī dōu rēngdiào.

◇ 셩후어페이 떠우 후아땨오 러   Shēnghuófèi dōu huādiào le.

◇ 바 쩌거 차이 떠우 츠땨오 바   Bǎ zhège cài dōu chīdiào ba.

STEP 2 눈으로 익히는 패턴

◇ Nǐ zhíjiē jùjuédiào bei.   你直接拒绝掉呗。

◇ Bǎ lājī dōu rēngdiào.   把垃圾都扔掉。

◇ Shēnghuófèi dōu huādiào le.   生活费都花掉了。

◇ Bǎ zhège cài dōu chīdiào ba.   把这个菜都吃掉吧。

STEP 3 입으로 익히는 패턴

✧ 你直接拒绝掉呗。　　　　너 그냥 거절해 버려.

✧ 把垃圾都扔掉。　　　　쓰레기를 다 버려 버려.

✧ 生活费都花掉了。　　　　생활비를 다 써 버렸어.

✧ 把这个菜都吃掉吧。　　　　이 요리를 다 먹어 버려.

　　　* 라지 垃圾 lājī 명 쓰레기 | 렁 扔 rēng 동 버리다 | 성후어페이 生活费 shēnghuófèi 명 생활비 |
　　　후아 花 huā 동 소비하다, 쓰다

STEP 4 손으로 익히는 패턴

✧ 너 그냥 거절해 버려.

✧ 쓰레기를 다 버려 버려.

✧ 생활비를 다 써 버렸어.

✧ 이 요리를 다 먹어 버려.

타이위를 따라 잡아봐!

(track 069)

저자 음성

생활비를 다 써 버렸어.

초급

Wǒ méiyǒu qián.

我没有钱。

중급

Shēnghuófèi yòngwán le.

生活费用完了。

고급

Shēnghuófèi dōu huādiào le.

生活费都花掉了。

네이티브

Kuài chī tǔ le.

快吃土了。

타이위가 풀어보는 문화

냄새가 강한 중국 음식

중국에는 독특한 냄새로 유명한 전통 음식들이 있어요. 처음에는 거부감이 들 수 있지만, 현지인들에게는 매우 사랑받는 음식들이에요.

쳐우떠우푸

臭豆腐 chòudòufu

발효시킨 두부로 만든 음식.
강한 냄새와 달리 의외로 고소하고
담백한 맛이 특징

루어쓰 펀

螺蛳粉 luósī fěn

달팽이 육수로 만든 쌀국수.
독특한 냄새가 나지만 깊고 진한 맛으로
중독성이 강함

떠우즈얼

豆汁儿 dòuzhīr

녹두를 발효시켜 만든 베이징 전통 음료.
시큼한 냄새가 나지만 소화에 좋다고
알려져 있음

Unit 24 제가 말주변이 좋지 않아서요.

✦ 에피소드를 알아야 써 먹지! （track 070）

【 부정적인 표현을 부드럽게 말하기 】

니 야오 션머
Nǐ yào shénme?

워   워 부 타이 후이 슈어후아
Wǒ… wǒ bú tài huì shuōhuà.

니 야오 카페이 하이스 챠
Nǐ yào kāfēi háishi chá?

워 디엔 쉐이 바 쉐이 부용 슈어 타이 뚜어 후아
Wǒ diǎn shuǐ ba, shuǐ búyòng shuō tài duō huà.

단어   카페이 咖啡 kāfēi 몡 커피 | 챠 茶 chá 몡 차

✦ 표현 이해하기!

✧ 不太 bú tài는 '별로 ~하지 않다, 그다지 ~하지 않다'는 의미로, 부정의 뉘앙스를 부드럽게 표현할 때 자주 써! 회화할 때 不太를 익혀두면 구어에서 더 자연스럽고, 공손한 방식으로 표현할 수 있으니까 꼭 알아 둬.

무엇이 필요하세요?
你要什么?

제가… 제가 말주변이 별로 좋지 않아서요.
我…我不太会说话。

주문하시려는 게 커피 아니면 차일까요?
你要咖啡还是茶?

물 주문 할게요. 물은 말을 많이 안 해도 되니까요.
我点水吧，水不用说太多话。

무한 반복이 답이야!

STEP 1 귀로 익히는 패턴 (track 07)

1 천천히 → 2 보통 → 3 현지인

✧ 워 부 타이 후이 슈어후아　　　　　Wǒ bú tài huì shuōhuà.

✧ 워 부 타이 시후안 나이챠　　　　　Wǒ bú tài xǐhuan nǎichá.

✧ 워 부 타이 후이 안웨이 런　　　　　Wǒ bú tài huì ānwèi rén.

✧ 워 부 타이 동　　　　　Wǒ bú tài dǒng.

STEP 2 눈으로 익히는 패턴

✧ Wǒ bú tài huì shuōhuà.　　　　　我不太会说话。

✧ Wǒ bú tài xǐhuan nǎichá.　　　　　我不太喜欢奶茶。

✧ Wǒ bú tài huì ānwèi rén.　　　　　我不太会安慰人。

✧ Wǒ bú tài dǒng.　　　　　我不太懂。

STEP 3 입으로 익히는 패턴

✧ 我不太会说话。　　　　　　나는 말주변이 별로 좋지 않아.

✧ 我不太喜欢奶茶。　　　　　나는 밀크티를 그다지 좋아하지 않아.

✧ 我不太会安慰人。　　　　　나는 위로를 잘 못해.

✧ 我不太懂。　　　　　　　　내가 이해를 잘 못했어.

* 나이챠 奶茶 nǎichá [명] 밀크티 | 안웨이 安慰 ānwèi [동] 위로하다 | 동 懂 dǒng [동] 이해하다, 알다

STEP 4 손으로 익히는 패턴

✧ 나는 말주변이 별로 좋지 않아.

✧ 나는 밀크티를 그다지 좋아하지 않아.

✧ 나는 위로를 잘 못해.

✧ 내가 이해를 잘 못했어.

타이위를 따라 잡아봐!

(track 072)

저자 음성

내가 말주변이 별로 좋지 않아.

초급

bù hǎo

不好

중급

Wǒ bú tài huì shuōhuà.

我不太会说话。

고급

Wǒ shuōhuà bú tài hǎo tīng.

我说话不太好听。

네이티브

Wǒ zuǐbèn.

我嘴笨。

타이위가 풀어보는 문화

중국의 아침 식사 메뉴

중국은 아침 식사를 주로 간단하면서도 영양가 있는 음식들로 먹어요! 아래 음식은 길거리 가게에서 쉽게 찾을 수 있는 아침 식사의 대표적인 메뉴들이며, 한국과 다르게 중국은 대부분 아침 식사를 밖에서 사 먹어요.

빠오즈

包子 bāozi

고기나 야채가 들어간 찐빵. 든든하고 맛있어 아침 식사로 인기가 높음

여우탸오

油条 yóutiáo

길쭉하게 튀긴 밀가루 반죽. 바삭한 식감으로 떠우찌앙과 함께 먹음

떠우찌앙

豆浆 dòujiāng

콩으로 만든 두유. 영양가가 높고 담백한 맛으로 아침 음료로 완벽함

쪄우 레이

粥类 zhōu lèi

다양한 재료로 끓인 죽. 소화가 잘 되고 몸을 따뜻하게 해 줌

Unit 25
이 에그타르트는 별로 안 달달하네.

✦ 에피소드를 알아야 써 먹지!

(track 073)

【 부족한 상태 말하기 】

니 시앙 챵챵 쪄 거 딴타 마
Nǐ xiǎng chángchang zhè ge dàntà ma?

쪄 딴타 부꺼우 티엔
Zhè dàntà búgòu tián.

스 워 마마 쭈어 더
Shì wǒ māma zuò de.

구어란 하이스 찌엔캉 쭈이 쫑야오
Guǒrán háishi jiànkāng zuì zhòngyào.

단어 딴타 蛋挞 dàntà 명 에그타르트 | 티엔 甜 tián 형 달다 | 구어란 果然 guǒrán 부 과연, 생각한 대로 |

✦ 표현 이해하기!

✧ **不够** bùgòu는 '충분하지 않다, 만족스럽지 않다'는 뜻으로, 어떤 정도·기준에 미치지 못할 때 사용하는 표현이야. 유사 표현으로는 **没有那么** méiyǒu nàme '그렇게 ~하지 않다', **差点儿** chàdiǎnr '좀 부족하다' 등이 있어.

✧ **果然** guǒrán은 '과연, 생각한 대로'라는 의미로 어떤 일이 예상대로 일어났을 때, '역시 그랬어!, 과연 내 예상이 맞았어!'라는 뉘앙스로 사용되는 부사야.

이 에그타르트 한번 먹어 볼래?
你想尝尝这个蛋挞吗?

이 에그타르트는 별로 안 달달하네.
这蛋挞不够甜。

우리 엄마가 만든 건데.
是我妈妈做的。

역시 건강이 제일 중요하지.
果然还是健康最重要。

찌엔캉 健康 jiànkāng 형 건강하다 ǀ 쭈이 最 zuì 부 가장, 제일 ǀ 쭝야오 重要 zhòngyào 형 중요하다

Unit 25 161

무한 반복이 답이야!

STEP 1 귀로 익히는 패턴 (track 074) 1 → 2 → 3 천천히 보통 현지인

✧ 쪄 딴타 부꺼우 티엔   Zhè dàntà búgòu tián.

✧ 쪄 시앙쟈오 부꺼우 슈   Zhè xiāngjiāo búgòu shú.

✧ 쪄 지우빠 하이 부꺼우 하이   Zhè jiǔbā hái búgòu hāi.

✧ 쪄거 마라탕 부꺼우 라   Zhège málàtàng búgòu là.

STEP 2 눈으로 익히는 패턴

✧ Zhè dàntà búgòu tián.   这蛋挞不够甜。

✧ Zhè xiāngjiāo búgòu shú.   这香蕉不够熟。

✧ Zhè jiǔbā hái búgòu hāi.   这酒吧还不够嗨。

✧ Zhège málàtàng búgòu là.   这个麻辣烫不够辣。

STEP 3　입으로 익히는 패턴

✧ 这蛋挞不够甜。　　　　　　이 에그타르트는 별로 안 달아.

✧ 这香蕉不够熟。　　　　　　이 바나나는 덜 익었어.

✧ 这酒吧还不够嗨。　　　　　이 술집은 아직 텐션이 높지 않네.

✧ 这个麻辣烫不够辣。　　　　이 마라탕은 별로 안 매워.

* 시앙쟈오 香蕉 xiāngjiāo 명 바나나 | 슈 熟 shú 형 (음식, 과일이) 익다 | 지우빠 酒吧 jiǔbā 명 술집 | 하이 嗨 hāi '(텐션이) 높다' 의미 high의 음역 | 마라탕 麻辣烫 málàtàng 명 마라탕(음식명)

STEP 4　손으로 익히는 패턴

✧ 이 에그타르트는 별로 안 달아.

✧ 이 바나나는 덜 익었어.

✧ 이 술집은 아직 텐션이 높지 않네.

✧ 이 마라탕은 별로 안 매워.

타이위를 따라 잡아봐!

(track 075)

저자 음성

이 마라탕은 별로 안 매워.

초급

Málàtàng bú là.

麻辣烫不辣。

중급

Zhè ge málàtàng búgòu là.

这个麻辣烫不够辣。

고급

Zhè yìdiǎnr yě bú là.

这一点儿也不辣。

네이티브

Zhè méi là wèir.

这没辣味儿。

타이위가 풀어보는 문화

중국의 길거리 음식

중국의 길거리 음식은 저렴하면서도 맛있어서 현지인과 관광객 모두에게 인기가 높아요. 각 지역마다 특색 있는 길거리 음식들을 소개할게요.

찌엔빙 구어즈

煎饼果子 jiānbing guǒzi

톈진의 대표 길거리 음식으로, 밀가루 반죽에 계란을 넣고 바삭한 과자를 말아 만든 크레페 같은 음식

카오 렁미엔

烤冷面 kǎo lěngmiàn

동북 지역의 특색 음식으로, 냉면을 계란과 함께 철판에 구워 만든 독특한 요리

티에반 여우위

铁板鱿鱼 tiěbǎn yóuyú

철판에 구운 오징어로, 매콤한 양념과 함께 구워 쫄깃하고 맛있는 중국 관광지 필수 간식

Unit 26 실례하겠습니다.

✦에피소드를 알아야 써 먹지! (track 076)

【 실례 표현 말하기 】

아이 야 워 쎠우샹 러
Āi yā, wǒ shòushāng le.

다라오 이씨아 워 시엔 칸칸
Dǎrǎo yíxià. Wǒ xiān kànkan.

니 스 이셩 바   씨에씨에
Nǐ shì yīshēng ba? Xièxie.

부 스 라 워 즈 스 하오치
Bú shì la, wǒ zhǐ shì hàoqí.

니 메이셜 바
Nǐ méishìr ba?

단어 쎠우샹 受伤 shòushāng 동 부상을 당하다 | 다라오 打扰 dǎrǎo 동 폐를 끼치다 | 이셩 医生 yīshēng

✦ 표현 이해하기!

◇ 동사 + 一下 yíxià 표현은 동작을 '잠깐, 가볍게 하다'라는 뜻이야. 우리말로 해석하면 '좀 ~할게요, 잠깐 ~해도 될까요, ~해 주세요'처럼 부드럽고 정중한 표현이 돼. 동작이 길지 않음을 강조할 때 쓰여.

◇ 打扰一下는 '실례하겠습니다'라는 뜻으로 공손하게 말하고 싶을 때 먼저 말하면 좋아. 유사한 표현으로는 不好意思 bù hǎoyìsi '죄송합니다, 실례합니다', 麻烦一下 máfan yíxià '실례지만 번거롭게 해도 될까요?' 등이 있어.

아이고, 저 다쳤어요.
哎呀, 我受伤了。

실례하겠습니다. 제가 먼저 좀 볼게요.
打扰一下。我先看看。

의사이신 거죠? 감사합니다.
你是医生吧? 谢谢。

아니에요. 그냥 궁금해서요.
不是啦, 我只是好奇。

당신 괜찮으신 거죠?
你没事儿吧?

명 의사 | 하오치 好奇 hàoqí 형 호기심이 많다 | 메이썰 没事儿 méishìr 동 별일 없다, 무사하다

Unit 26 167

무한 반복이 답이야!

STEP 1 귀로 익히는 패턴 (track 077) 1 → 2 → 3 천천히 보통 현지인

✧ 다라오 이씨아　　　　　　　　　Dǎrǎo yíxià.

✧ 칭 쨔오 이씨아　　　　　　　　　Qǐng jiào yíxià.

✧ 짜이 쩌리 꾸앙 이씨아 바　　　　Zài zhèli guàng yíxià ba.

✧ 여우 메이여우 런 빵 이씨아 망　　Yǒu méiyǒu rén bāng yíxià máng?

STEP 2 눈으로 익히는 패턴

✧ Dǎrǎo yíxià.　　　　　　　　　打扰一下。

✧ Qǐng jiào yíxià.　　　　　　　请教一下。

✧ Zài zhèli guàng yíxià ba.　　在这里逛一下吧。

✧ Yǒu méiyǒu rén bāng yíxià máng?　有没有人帮一下忙？

STEP 3 　 입으로 익히는 패턴

✧ 打扰一下。　　　　　　　실례하겠습니다.

✧ 请教一下。　　　　　　　좀 가르쳐 주세요.

✧ 在这里逛一下吧。　　　　여기에서 구경 좀 하자.

✧ 有没有人帮一下忙？　　　좀 도와줄 사람 있어?

* 꾸앙 逛 guàng 동 한가롭게 거닐다 | 빵망 帮忙 bāngmáng 동 도와주다

STEP 4 　 손으로 익히는 패턴

✧ 실례하겠습니다.

✧ 좀 가르쳐 주세요.

✧ 여기에서 구경 좀 하자.

✧ 좀 도와줄 사람 있어?

타이위를 따라 잡아봐!

(track **078**)

저자 음성

내가 먼저 좀 볼게.

초급

Wǒ xiān kànkan.

我先看看。

중급

Wǒ xiān kàn yíxià.

我先看一下。

고급

Máfan ràng yíxià, wǒ xiān lái kànkan.

麻烦让一下，我先来看看。

네이티브

Gěi wǒ kàn yíxià.

给我看一下。

타이위가 풀어보는 문화

중국 명절 음식 ①

중국은 전통 명절마다 특별한 음식을 먹어요. 각 명절의 의미와 함께 전해지는 음식들은 중국 문화를 이해하는 중요한 요소이니 알아 두세요.

◆ 춘절

쟈오즈
jiǎozi
饺子 만두
만두 모양이 옛날 화폐와 비슷해 새해 재물운을 상징하는 대표 음식

◆ 춘절

니엔까오
niángāo
年糕 떡
떡으로 만든 음식으로 '해마다 높이 올라간다'는 의미를 담고 있음

◆ 원소절

탕위엔
tāngyuán
汤圆 탕원
둥근 모양의 찹쌀 경단으로 가족의 화목과 원만함을 기원하는 음식

Unit 27

너 아무래도 요즘 살 빠진 거 같아.

+ 에피소드를 알아야 써 먹지! (track 079)

【 살이 빠졌다고 추측하기 】

니 쭈이찐 하오씨앙 셔우 러
Nǐ zuìjìn hǎoxiàng shòu le.

쩐 더   나 워 지엔페이 청꽁 러 아
Zhēn de? Nà wǒ jiǎnféi chénggōng le a!

와 용 러 션머 지엔페이 팡파
Wā, yòng le shénme jiǎnféi fāngfǎ?

응   쳐우 즈
Ǹg… chōu zhī.

나 예 쑤안 지엔페이 마
Nà yě suàn jiǎnféi ma?

단어 셔우 瘦 shòu 형 마르다 | 지엔페이 减肥 jiǎnféi 동 다이어트하다 | 청꽁 成功 chénggōng 동 성공하다 |

172

✦ 표현 이해하기!

◇ 好像 hǎoxiàng은 '~인 것 같다, ~인 듯하다'라는 뜻으로, 어떤 사실에 대해 확신이 없거나 추측할 때 쓰는 표현이야. 말하는 사람의 주관적인 느낌이나 추측을 나타내기 때문에 객관적 사실과는 다를 수 있어.

너 아무래도 요즘 살 빠진 거 같아.
你最近好像瘦了。

진짜? 그럼 다이어트 성공적이네!
真的？那我减肥成功了啊！

오, 무슨 다이어트 했어?
哇，用了什么减肥方法？

음… 지방 흡입했어.
嗯…抽脂。

그걸 다이어트로 치는 거야?
那也算减肥吗？

와 哇 wā 의성어 | 용 用 yòng 동 사용하다 | 팡파 方法 fāngfǎ 명 방법 | 쳐우 즈 抽脂 chōu zhī 지방 흡입술을 하다

무한 반복이 답이야!

STEP 1 　귀로 익히는 패턴　(track 080)

1 → 2 → 3
천천히　보통　현지인

◆ 니 쭈이찐 하오씨앙 쎠우 러　　　　Nǐ zuìjìn hǎoxiàng shòu le.

◆ 워 하오씨앙 미루 러　　　　Wǒ hǎoxiàng mílù le.

◆ 워 하오씨앙 간마오 러　　　　Wǒ hǎoxiàng gǎnmào le.

◆ 니 하오씨앙 여우 신스　　　　Nǐ hǎoxiàng yǒu xīnshì.

STEP 2 　눈으로 익히는 패턴

◆ Nǐ zuìjìn hǎoxiàng shòu le.　　　　你最近好像瘦了。

◆ Wǒ hǎoxiàng mílù le.　　　　我好像迷路了。

◆ Wǒ hǎoxiàng gǎnmào le.　　　　我好像感冒了。

◆ Nǐ hǎoxiàng yǒu xīnshì.　　　　你好像有心事。

STEP 3 입으로 익히는 패턴

✧ 你最近好像瘦了。　　　　너 아무래도 요즘 살 빠진 거 같아.

✧ 我好像迷路了。　　　　　나 아무래도 길을 잃은 거 같아.

✧ 我好像感冒了。　　　　　나 아무래도 감기 걸린 거 같아.

✧ 你好像有心事。　　　　　너 아무래도 무슨 일 있는 거 같아.

* 미루 迷路 mílù 동 길을 잃다 | 신스 心事 xīnshì 명 걱정거리

STEP 4 손으로 익히는 패턴

✧ 너 아무래도 요즘 살 빠진 거 같아.

✧ 나 아무래도 길을 잃은 거 같아.

✧ 나 아무래도 감기 걸린 거 같아.

✧ 너 아무래도 무슨 일 있는 거 같아.

타이위를 따라 잡아봐!

track 081

저자 음성

너 아무래도 무슨 일 있는 거 같아.

초급

Nǐ zěnme le?

你怎么了?

중급

Nǐ shì bu shì yǒu shénme shìr a?

你是不是有什么事儿啊?

고급

Nǐ hǎoxiàng yǒu xīnshì.

你好像有心事。

네이티브

Nǐ méi shìr ba?

你没事儿吧?

타이위가 풀어보는 문화

중국 명절 음식 ②

◆ 청명절

칭투안
qīngtuán
青团 청단

쌀가루에 쑥이나 풀 즙을 넣어 만든 떡으로 가족들과 먹거나 조상에게 바치는 음식

◆ 단오절

쫑즈
zòngzi
粽子 종자

대나무 잎에 싼 찹쌀떡으로, 용왕에게 제사를 지내던 전통에서 유래되었음

◆ 중추절

위에빙
yuèbǐng
月饼 월병

중추절에 먹는 둥근 모양의 과자로, 가족의 화목과 원만함을 상징함

Unit 28
근데 굳이 몸매가 좋아야 해요?

영상 보기

✦ 에피소드를 알아야 써 먹지! (track 082)

음원 듣기

【 꼭 해야 하는지 불만스럽게 묻기 】

핑스 칭 샤오 츠 디얼
Píngshí qǐng shǎo chī diǎnr.

딴 페이데이 야오 션차이 하오 마
Dàn fēiděi yào shēncái hǎo ma?

니 부 스 인웨이 까오쒸에야 라이 더 마
Nǐ bú shì yīnwèi gāoxuèyā lái de ma?

뚜이부치 워 후이 샤오 츠 더
Duìbuqǐ, wǒ huì shǎo chī de.

단어 핑스 平时 píngshí 몡 평소 | 샤오 少 shǎo 혱 적다 | 션차이 身材 shēncái 몡 몸매, 체격 |

> **＋ 표현 이해하기!**

◇ 非得 fēiděi + 동사/행위 표현은 '~하지 않으면 안 된다, 반드시 ~해야 한다'라는 불만 혹은 반문의 느낌으로 많이 쓰는 표현이야. 非得는 말하는 사람의 강한 주장, 불만, 반문이 느껴지는 표현이라 좋지 않은 감정이 실려 있어. 부드럽게 말하고 싶을 때는 一定要 yídìng yào, 必须 bìxū 등을 대신 사용해도 좋아.

평소에 조금만 드세요.
平时请少吃点儿。

근데 굳이 몸매가 좋아야 해요?
但非得要身材好吗?

고혈압 때문에 오신 거 아니에요?
你不是因为高血压来的吗?

죄송합니다. 먹는 양 줄일게요.
对不起，我会少吃的。

인웨이 因为 yīnwèi 전 ~때문에 | 까오쉬에야 高血压 gāoxuèyā 명 고혈압

Unit 28　179

무한 반복이 답이야!

STEP 1 귀로 익히는 패턴 (track 083)　　1 천천히 → 2 보통 → 3 현지인

◇ 페이데이 야오 션차이 하오 마　　Fēiděi yào shēncái hǎo ma?

◇ 완샹 페이데이 허 카페이 마　　Wǎnshang fēiděi hē kāfēi ma?

◇ 레이 쓰 러 페이데이 취 마　　Lèi sǐ le, fēiděi qù ma?

◇ 워 페이데이 찬지아 쮜후이 마　　Wǒ fēiděi cānjiā jùhuì ma?

STEP 2 눈으로 익히는 패턴

◇ Fēiděi yào shēncái hǎo ma?　　非得要身材好吗?

◇ Wǎnshang fēiděi hē kāfēi ma?　　晚上非得喝咖啡吗?

◇ Lèi sǐ le, fēiděi qù ma?　　累死了，非得去吗?

◇ Wǒ fēiděi cānjiā jùhuì ma?　　我非得参加聚会吗?

STEP 3 입으로 익히는 패턴

✧ 非得要身材好吗?   굳이 몸매가 좋아야 해?

✧ 晚上非得喝咖啡吗?   밤에 굳이 커피를 마셔야 해?

✧ 累死了，非得去吗?   힘들어 죽겠는데, 굳이 가야 해?

✧ 我非得参加聚会吗?   내가 굳이 모임을 가야 해?

* 완샹 晚上 wǎnshang 명 저녁 | 레이 累 lèi 형 피곤하다 | 쓰 러 死了 sǐ le ~해 죽겠다 | 찬지아 参加 cānjiā 동 참가하다 | 쮜후이 聚会 jùhuì 명 모임

STEP 4 손으로 익히는 패턴

✧ 굳이 몸매가 좋아야 해?

✧ 밤에 굳이 커피를 마셔야 해?

✧ 힘들어 죽겠는데, 굳이 가야 해?

✧ 내가 굳이 모임을 가야 해?

타이위를 따라 잡아봐!

(track 084)

밤에 굳이 커피를 마셔야 해?

초급

Wǎnshang bù hē kāfēi.

晚上不喝咖啡。

중급

Wǎnshang bié hē kāfēi.

晚上别喝咖啡。

고급

Wǎnshang fēiděi hē kāfēi ma?

晚上非得喝咖啡吗?

네이티브

Tài wǎn le, shuì ba!

太晚了，睡吧!

타이위가 풀어보는 문화

현지인 추천 훠궈 재료

한국인에게는 생소하지만 중국인들이 훠궈를 먹을 때 빼놓지 않는 인기 재료예요. 이런 재료들을 시도해 보면 진짜 중국식 훠궈를 경험할 수 있어요.

꽁차이
gòngcài
贡菜 공채
아삭한 식감의 절인 채소. 훠궈에 넣으면 시원하고 깔끔한 맛을 더해줌

야 쒸에
yā xuè
鸭血 오리 선지
오리피를 굳힌 것으로, 부드러운 식감과 진한 맛이 특징

야 챵
yā cháng
鸭肠 오리 창자
쫄깃한 식감이 일품. 너무 오래 끓이면 질겨질 수 있음

마오뚜
máodù
毛肚 천엽
소의 셋째 위로, 7~8초만 데쳐 먹으면 아삭한 식감을 즐길 수 있음

Unit 29

저를 스캔하실래요, 아니면 제가 스캔을 할까요?

✦ 에피소드를 알아야 써 먹지! (track 085)

【 A와 B 중 어느 것을 선택할지 묻기 】

니 싸오 워 하이스 워 싸오 니
Nǐ sǎo wǒ háishi wǒ sǎo nǐ?

니 싸오 쩌리 찌우 싱
Nǐ sǎo zhèli jiù xíng.

게이 니 씨엔찐
Gěi nǐ xiànjīn.

나 니 웨이션머 원 쩌거
Nà nǐ wèishénme wèn zhège?

워 시앙 리엔시 쭝원
Wǒ xiǎng liànxí Zhōngwén.

단어 싸오 扫 sǎo 동 쓸다(스캔하다) | 씨엔찐 现金 xiànjīn 명 현금 | 리엔시 练习 liànxí 동 연습하다 |

✦ 표현 이해하기!

✧ **A还是B? A háishi B?**는 'A야, B야?, A 할래, B 할래?'라는 선택을 묻는 의문문으로 사용 돼. 의문문이 아닌 경우에는 **还是** 대신 **或者** huòzhe를 사용해. 그리고 **还是**는 보통 선택지 두 개만 놓고 물어 볼 때 쓰여. 말투나 억양에 따라 친근한 질문 또는 가벼운 제안의 느낌을 주니까 일상 생활에서 많이 사용해 봐.

✧ **你扫我还是我扫你?** 는 중국에서 QR코드로 계산을 할 때, 필수적으로 알아 둬야 하는 말이니까 꼭 외워 둬!

저를 스캔하실래요, 아니면 제가 스캔을 할까요?
你扫我还是我扫你?

여기 스캔해 주시면 돼요.
你扫这里就行。

여기 현금이요.
给你现金。

그럼 왜 물어본 거예요?
那你为什么问这个?

중국어 연습을 하고 싶어서요.
我想练习中文。

쫑원 中文 Zhōngwén 명 중국어

무한 반복이 답이야!

STEP 1 　귀로 익히는 패턴　(track 086)

1 천천히 → 2 보통 → 3 현지인

✧ 니 싸오 워 하이스 워 싸오 니
　Nǐ sǎo wǒ háishi wǒ sǎo nǐ?

✧ 니 시후안 허 메이스 카페이 하이스 나티에
　Nǐ xǐhuan hē Měishì kāfēi háishi nátiě?

✧ 쪄 쫑즈 땅 판 츠 하이스 땅 티엔디엔 츠
　Zhè zòngzi dàng fàn chī háishi dàng tiándiǎn chī?

✧ 니 시후안 더 레이싱 스 예멀 하이스 샤오시엔러우
　Nǐ xǐhuan de lèixíng shì yémenr háishi xiǎoxiānròu?

STEP 2 　눈으로 익히는 패턴

✧ Nǐ sǎo wǒ háishi wǒ sǎo nǐ?
　你扫我还是我扫你?

✧ Nǐ xǐhuan hē Měishì kāfēi háishi nátiě?
　你喜欢喝美式咖啡还是拿铁?

✧ Zhè zòngzi dàng fàn chī háishi dàng tiándiǎn chī?
　这粽子当饭吃还是当甜点吃?

✧ Nǐ xǐhuan de lèixíng shì yémenr háishi xiǎoxiānròu?
　你喜欢的类型是爷们儿还是小鲜肉?

STEP 3 입으로 익히는 패턴

✧ 你扫我还是我扫你?
  저를 스캔하실래요, 아니면 제가 스캔을 할까요?

✧ 你喜欢喝美式咖啡还是拿铁?
  너 아메리카노 좋아해, 아니면 라테 좋아해?

✧ 这粽子当饭吃还是当甜点吃?
  이 쫑즈는 밥으로 먹어, 아니면 디저트로 먹어?

✧ 你喜欢的类型是爷们儿还是小鲜肉?
  네가 좋아하는 스타일은 남성적인 사람이야, 아니면 귀여운 아이돌 같은 스타일이야?

  * 티엔디엔 甜点 tiándiǎn 명 디저트 | 레이싱 类型 lèixíng 명 유형 | 예멀 爷们儿 yémenr 명 상남자(방언) |
    샤오시엔러우 小鲜肉 xiǎoxiānròu 12~25세 사이의 잘 생기고 착한 남자를 지칭함

STEP 4 손으로 익히는 패턴

✧ 저를 스캔하실래요, 아니면 제가 스캔을 할까요?
  ✎

✧ 너 아메리카노 좋아해, 아니면 라테 좋아해?
  ✎

✧ 이 쫑즈는 밥으로 먹어, 아니면 디저트로 먹어?
  ✎

✧ 네가 좋아하는 스타일은 남성적인 사람이야, 아니면 귀여운 아이돌 같은 스타일이야?
  ✎

타이위를 따라 잡아봐!

(track 087)

저자 음성

중국어 연습을 하고 싶어서.

초급

xuéxí Zhōngwén

学习中文

중급

Wǒ xiǎng liànxí Zhōngwén.

我想练习中文。

고급

Wǒ xiǎng hǎohāor liànxí Zhōngwén.

我想好好儿练习中文。

네이티브

Wǒ xiǎng duō liànlian Zhōngwén.

我想多练练中文。

타이위가 풀어보는 문화

현지인 추천 마라탕 재료

중국인들이 많이 선택하는 마라탕 재료예요. 이런 재료들을 골라보면 더욱 현지인다운 마라탕을 즐길 수 있어요.

통하오
tónghāo
茼蒿 쑥갓
특유의 향이 있는 쑥갓으로, 마라탕 국물과 잘 어울리는 대표적인 채소

리엔어우
lián'ǒu
莲藕 연근
아삭한 식감이 좋고, 구멍이 뚫려 있어 국물 맛이 잘 배어듬

하이따이
hǎidài
海带 다시마
쫄깃한 식감과 바다의 감칠맛을 더해주는 인기 재료

니우 두
niú dǔ
牛肚 소의 위
쫄깃한 식감이 일품. 마라 양념과 특히 잘 어울림

Unit 30

두부 얼마예요?

✦ 에피소드를 알아야 써 먹지!

(track 088)

【 가격 물어보기 】

라오반 떠우푸 전머 마이
Lǎobǎn, dòufu zěnme mài?

위엔찌아 스 스 콰이 부꾸어 찐티엔 쟝 더 쓔아이 더 다 우 져
Yuánjià shì shí kuài, búguò jīntiān zhǎng de shuài de dǎ wǔ zhé.

나 게이 워 라이 이 콸 바
Nà gěi wǒ lái yí kuàir ba.

하오 더 스 콰이
Hǎo de, shí kuài.

…?

단어 라오반 老板 lǎobǎn 명 사장, 주인 | 떠우푸 豆腐 dòufu 명 두부 | 마이 卖 mài 동 팔다 | 위엔찌아 原价 yuánjià 명 원가 | 콰이 块 kuài 양 위안(중국 화폐 단위) | 부꾸어 不过 búguò 접 그런데, 그러나 |

✦ 표현 이해하기!

✧ 怎么 zěnme는 '어떻게, 왜'라는 뜻으로 방법이나 이유, 상황을 물을 때 자주 쓰는 의문사야. 말투에 따라 친절한 물음도 되고, 놀람, 불만의 표현도 될 수 있어.

특히 怎么가 이유를 묻는 '왜'라는 뜻으로 쓰였을 경우 보통 상대에게 반문하는 형식으로 불만을 표현하는 어조일 수 있으니 주의해서 사용하도록 해! 예를들어 怎么这么贵! Zěnme zhème guì! '왜 이렇게 비싸!(놀람)', 你怎么才来? Nǐ zěnme cái lái? '왜 이제 와?(불만)'와 같이 말할 수 있어.

사장님, 두부 얼마예요?
老板，豆腐怎么卖？

원가는 10위안인데, 오늘은 잘생긴 사람한테 반값 세일하고 있어요.
原价是十块，不过今天长得帅的打五折。

그럼 하나만 주세요.
那给我来一块儿吧。

네, 10위안이요!
好的，十块！

…?
…?

장 长 zhǎng 동 생기다 | 더 得 de 동사 뒤에 쓰여 보어 역할을 함 | 슈아이 帅 shuài 형 멋지다 | 다져 打折 dǎzhé 동 할인하다 | 콸 块儿 kuàir 양 덩어리 조각

무한 반복이 답이야!

STEP 1 귀로 익히는 패턴 🎧 (track 089) 1 → 2 → 3 천천히 보통 현지인

✧ 떠우푸 전머 마이 Dòufu zěnme mài?

✧ 워 까이 전머 빤 Wǒ gāi zěnme bàn?

✧ 전머 취 삥마용 Zěnme qù Bīngmǎyǒng?

✧ 워 야오 전머 쳥후 닌 Wǒ yào zěnme chēnghu nín?

STEP 2 눈으로 익히는 패턴 🔍

✧ Dòufu zěnme mài? 豆腐怎么卖?

✧ Wǒ gāi zěnme bàn? 我该怎么办?

✧ Zěnme qù Bīngmǎyǒng? 怎么去兵马俑?

✧ Wǒ yào zěnme chēnghu nín? 我要怎么称呼您?

STEP 3 입으로 익히는 패턴

✧ 豆腐怎么卖?　　　　　　　두부 얼마예요?

✧ 我该怎么办?　　　　　　　내가 어떻게 해야 돼요?

✧ 怎么去兵马俑?　　　　　　병마용에 어떻게 가요?

✧ 我要怎么称呼您?　　　　　제가 호칭을 뭐라고 하면 될까요?

* 까이 该 gāi [조동] ~해야 한다 | 삥마용 兵马俑 Bīngmǎyǒng [명] 병마용 | 청후 称呼 chēnghu [동] 부르다

STEP 4 손으로 익히는 패턴

✧ 두부 얼마예요?

✧ 내가 어떻게 해야 돼요?

✧ 병마용에 어떻게 가요?

✧ 제가 호칭을 뭐라고 하면 될까요?

타이위를 따라 잡아봐!

(track 090)

저자 음성

내가 호칭을 뭐라고 하면 될까?

초급

Nǐ jiào shénme míngzi?

你叫什么名字?

중급

Nín guì xìng?

您贵姓?

고급

Wǒ yào zěnme chēnghu nín?

我要怎么称呼您?

네이티브

Zěnme chēnghu?

怎么称呼?

194

> 타이위가 풀어보는 문화

훠궈 소스 종류

즈마찌앙
zhīmajiàng
芝麻酱 참깨장

라쟈오여우
làjiāoyóu
辣椒油 고추기름

마여우
máyóu
麻油 참기름

시앙차이
xiāngcài
香菜 고수

총후아
cōnghuā
葱花 다진 파

쑤안니
suànní
蒜泥 다진 마늘

바이탕
báitáng
白糖 설탕

하오여우
háoyóu
蚝油 굴소스

찌앙여우
jiàngyóu
酱油 간장

Unit 30 195

Unit 31

걔가 너보다 안 예뻐.

✦ 에피소드를 알아야 써 먹지! (track 091)

【 비교 표현 말하기 】

워 펑여우 쭈이찐 삐엔 퍄오리앙 러
Wǒ péngyou zuìjìn biàn piàoliang le.

타 메이여우 니 퍄오리앙
Tā méiyǒu nǐ piàoliang.

워 하이 메이 슈어 타 더 밍즈 너
Wǒ hái méi shuō tā de míngzi ne…

뿌 하오이스
Bù hǎoyìsi.

단어 삐엔 变 biàn 통 변하다 | 퍄오리앙 漂亮 piàoliang 형 예쁘다 | 밍즈 名字 míngzi 명 이름

✦ 표현 이해하기!

✧ 두 가지 대상이나 상황을 비교할 때 **A 没有 méiyǒu B** + 형용사 구조를 써.
의미는 'A는 B만큼 ~하지 않다' 또는 'A가 B보다 ~하지 않다'라는 뜻이야.

내 친구 최근에 예뻐졌어.
我朋友最近变漂亮了。

걔가 너보다 안 예뻐.
她没有你漂亮。

나 아직 걔 이름은 말 안 했는데…
我还没说她的名字呢…

미안.
不好意思。

무한 반복이 답이야!

STEP 1 귀로 익히는 패턴 (track 092)

1 → 2 → 3
천천히 보통 현지인

✧ 타 메이여우 니 퍄오리앙　　　　　Tā méiyǒu nǐ piàoliang.

✧ 워 쭝원 메이여우 타 하오　　　　　Wǒ Zhōngwén méiyǒu tā hǎo.

✧ 타 위쑤 메이여우 워 콰이　　　　　Tā yǔsù méiyǒu wǒ kuài.

✧ 워 더 라오찌아 메이여우 타 더 위엔　Wǒ de lǎojiā méiyǒu tā de yuǎn.

STEP 2 눈으로 익히는 패턴

✧ Tā méiyǒu nǐ piàoliang.　　　　　她没有你漂亮。

✧ Wǒ Zhōngwén méiyǒu tā hǎo.　　　我中文没有他好。

✧ Tā yǔsù méiyǒu wǒ kuài.　　　　　他语速没有我快。

✧ Wǒ de lǎojiā méiyǒu tā de yuǎn.　我的老家没有她的远。

STEP 3　입으로 익히는 패턴

✧ 她没有你漂亮。　　　　　걔가 너보다 안 예뻐.

✧ 我中文没有他好。　　　　나 중국어 걔보다 못해.

✧ 他语速没有我快。　　　　걔는 나보다 느리게 말해.

✧ 我的老家没有她的远。　　내 고향은 걔 고향보다 멀지 않아.

* 위쑤 语速 yǔsù 명 말하는 속도 | 라오찌아 老家 lǎojiā 명 고향(집) | 위엔 远 yuǎn 형 멀다

STEP 4　손으로 익히는 패턴

✧ 걔가 너보다 안 예뻐.

✧ 나 중국어 걔보다 못해.

✧ 걔는 나보다 느리게 말해.

✧ 내 고향은 걔 고향보다 멀지 않아.

타이위를 따라 잡아봐!

(track 093)

 我姓徐
#내 성은 서 씨

워 씽 쉬 니 더 미쥐 뚜이 아이 얼 쯔쓰 뿌위
wǒ xìng Xú, nǐ de míjú duì ài ér zhìsǐ bùyú
我姓徐，你的迷局对爱而至死不渝

워 씽 쉬 쉐이따오 쳥취 판위에 천투 위 닝니
wǒ xìng Xú, shuǐdào chéngqú fānyuè chéntǔ yǔ nìngní
我姓徐，水到成渠翻越尘土与泞泥

워 씽 쉬 우런 넝지 아이 니 워 찌엔띵 뿌이
wǒ xìng Xú, wúrén néngjí ài nǐ wǒ jiāndìng bùyí
我姓徐，无人能及爱你我坚定不移

워 씽 쉬 핑핑 우치 멍쭝 콩구 시앙 마 티
wǒ xìng Xú, píngpíng wúqí mèngzhōng kōnggǔ xiǎng mǎ tī
我姓徐，平平无奇梦中空谷响马踢

【 의미 】

내 성은 서(徐)씨, 네 미로 같은 덫은 사랑에 대해 죽을 때까지 변치 않는 것
내 성은 서씨, 물은 강을 이루고 흙먼지와 진흙을 넘어선다
내 성은 서씨, 누구도 미치지 못해, 너를 사랑하는 내 마음은 흔들리지 않는다
내 성은 서씨, 평범하고 특별함 없지만 꿈속의 깊은 골짜기에서 말이 울부짖는다

타이위가 풀어보는 문화

훠궈 소스 만들기

소스는 개인 취향에 따라 조절할 수 있으며, 여러 종류를 만들어 다양한 맛을 시도해 보는 것이 좋아요.

◇ **땅콩 기반 소스**

땅콩 소스 + 땅콩 가루 + 식초 + 고수

가장 기본적이고 인기 있는 조합으로, 깔끔하고 고소한 맛이 특징

◇ **건식 기반 소스**

고추가루 + 땅콩 가루 + 후추 + 참깨

다양한 향신료 가루를 조합한 마른 양념 소스. 매콤하고 고소한 맛이 특징이며, 특히 구운 고기나 훠궈 재료와 잘 어울림

◇ **참기름 기반 소스**

참기름 + 식초 + 고수 + 빨간 고추

진하고 고소한 맛이 특징이며, 고기류와 잘 어울림

Unit 32
너 하고 싶은 대로 해!

영상 보기

+ 에피소드를 알아야 써 먹지!   (track 094)

음원 듣기

【 홧김에 '마음대로 해'라고 말하기 】

(통화 중) 니 전머 쪄머 메이 리마오 이디얼 쑤쯔 떠우 메이여우
Nǐ zěnme zhème méi lǐmào!   Yìdiǎnr sùzhì dōu méiyǒu!

와   쪄머 시옹 아
Wā⋯ zhème xiōng a.

(통화 중) 니 여우 삥 니 아이 깐 마 찌우 깐 마
Nǐ yǒu bìng! Nǐ ài gàn má jiù gàn má!

커스 깡차이 스 니 바 띠엔후아 꾸아 러 바
Kěshì gāngcái shì nǐ bǎ diànhuà guà le ba?

뚜이 아 워 부 꾸아 띠엔후아 워 간 쪄머 슈어 마
Duì a, wǒ bú guà diànhuà, wǒ gǎn zhème shuō ma?

단어 | 쪄머 这么 zhème 대 이렇게 | 이디얼 一点儿 yìdiǎnr 양 조금 | 쑤쯔 素质 sùzhì 명 소양, 자질 |

✦ 표현 이해하기!

◇ 干嘛 gàn má는 기본적으로는 '뭐해, 왜'라는 뜻으로, 어떤 행동의 이유를 묻거나 말할 때 자주 쓰는 구어체 표현이야. 干什么 gàn shénme를 더 짧게 줄인 말로 특히 친구끼리 편한 말투로 자주 쓰는데, 놀람, 불만, 짜증 섞인 '왜?'도 干嘛로 표현할 수 있어.

(통화 중) 어떻게 이렇게 예의가 없어? 교양이 하나도 없네!
你怎么这么没礼貌! 一点儿素质都没有!

와… 진짜 무섭다.
哇…这么凶啊。

(통화 중) 미쳤네! 너 하고 싶은 대로 해!
你有病! 你爱干嘛就干嘛!

근데 너 방금 전화 끊지 않았어?
可是刚才是你把电话挂了吧?

맞아, 전화 안 끊었으면 감히 이렇게 말하겠어?
对啊，我不挂电话，我敢这么说吗?

시옹 凶 xiōng 형 사납다, 흉하다 | 아이 爱 ài 동 사랑하다 | 띠엔후아 电话 diànhuà 명 전화 | 꾸아 挂 guà 동 전화를 끊다

무한 반복이 답이야!

STEP 1 귀로 익히는 패턴 (track 095)   1 → 2 → 3
천천히 보통 현지인

◆ 니 아이 깐 마 찌우 깐 마   Nǐ ài gàn má jiù gàn má!

◆ 라이 떠우 라이 러 허우후이 깐 마   Lái dōu lái le, hòuhuǐ gàn má?

◆ 니 취 쉬에쌰오 깐 마   Nǐ qù xuéxiào gàn má?

◆ 니 짜이 깐 마   Nǐ zài gàn má?

STEP 2 눈으로 익히는 패턴

◆ Nǐ ài gàn má jiù gàn má!   你爱干嘛就干嘛!

◆ Lái dōu lái le, hòuhuǐ gàn má?   来都来了，后悔干嘛？

◆ Nǐ qù xuéxiào gàn má?   你去学校干嘛？

◆ Nǐ zài gàn má?   你在干嘛？

STEP 3 　 입으로 익히는 패턴

✧ 你爱干嘛就干嘛!　　　　　너 하고 싶은 대로 해!

✧ 来都来了, 后悔干嘛?　　　이미 왔는데, 후회해서 뭐 해?

✧ 你去学校干嘛?　　　　　　너 학교 가서 뭐 해?

✧ 你在干嘛?　　　　　　　　너 지금 뭐 해?

* 허우후이 后悔 hòuhuǐ 통 후회하다 | 쉬에쌰오 学校 xuéxiào 명 학교 | 짜이 在 zài 부 ~하는 중이다

STEP 4 　 손으로 익히는 패턴

✧ 너 하고 싶은 대로 해!

✧ 이미 왔는데, 후회해서 뭐 해?

✧ 너 학교 가서 뭐 해?

✧ 너 지금 뭐 해?

타이위를 따라 잡아봐!

(track 096)

저자 음성

너 지금 뭐 해?

초급

Nǐ zuò shénme?

你做什么?

중급

Nǐ zài gàn shénme ne?

你在干什么呢?

고급

Nǐ xiànzài máng shénme ne?

你现在忙什么呢?

네이티브

Nǐ zài gàn má?

你在干嘛?

타이위가 풀어보는 문화

외국인 숙박 제한

중국에서는 일부 숙소에서 외국인 투숙을 허용하지 않는 경우가 있어요. 그 이유는 숙소의 중국 정부 등록 여부에 따라 합법적으로 외국인을 받을 수 있는 자격을 갖추기 때문이에요. 중국 여행을 계획하고 있다면, 온라인 예약 시 반드시 '외국인 숙박 가능' 여부를 확인하고, 중형 이상 규모의 호텔을 선택하는 것이 안전해요. 그리고 중국에서는 보증금을 따로 받는 사실도 꼭 알아 두세요!

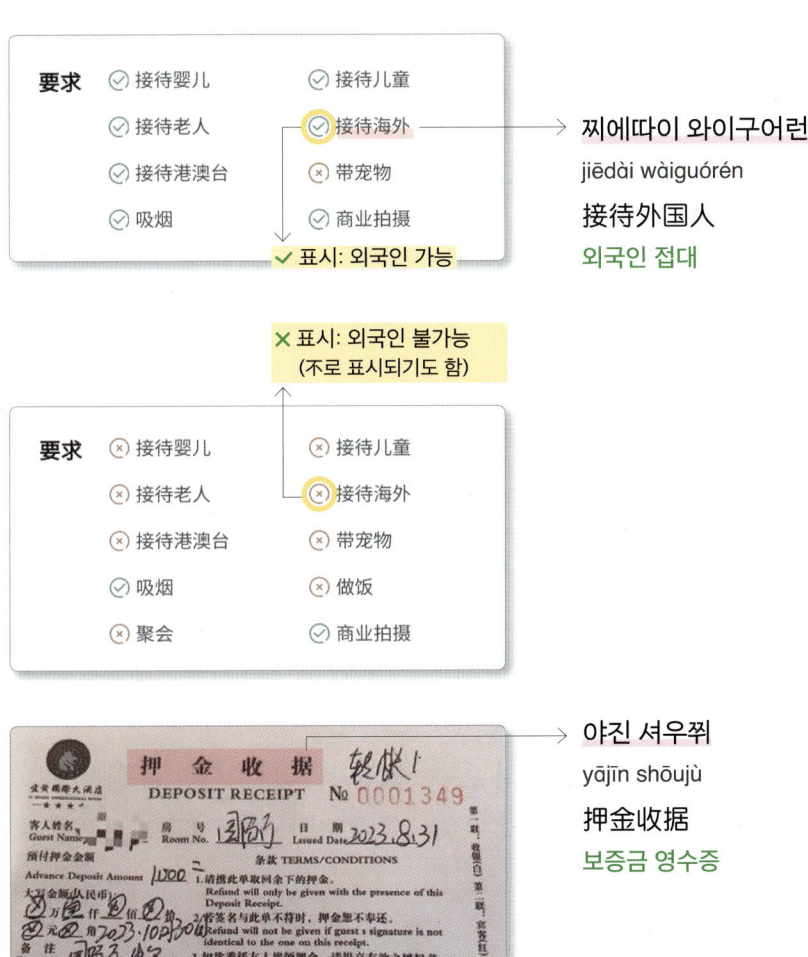

급 땡긴다.

영상 보기

✦ 에피소드를 알아야 써 먹지! (track 097)

음원 듣기

【죽을만큼 먹고 싶다고 표현하기】

와 마라탕 챤 쓰러 이치 츠 바
Wā, málàtàng! Chán sǐ le, yìqǐ chī ba?

워 짜이 지엔페이 너
Wǒ zài jiǎnféi ne.

나 워 츠 러우 니 츠 차이
Nà wǒ chī ròu, nǐ chī cài.

하오 아 츠 슈차이 잉까이 부 후이 쟝 팡 바
Hǎo a, chī shūcài yīnggāi bú huì zhǎng pàng ba.

단어 챤 馋 chán 혱 무척 먹고 싶다 | 이치 一起 yìqǐ 부 같이 | 러우 肉 ròu 명 고기 | 차이 菜 cài 명 채소 |

✦ 표현 이해하기!

◇ …死了 sǐ le는 형용사 뒤에 붙어 '죽을 정도로 ~하다, ~해서 죽겠어'라는 뜻으로, 감정을 강하게 표현할 때 자주 쓰는 구어체 표현이야. 사실 문법적으로 따지면 맞지 않지만 관용구처럼 굳어진 표현으로, 회화에서는 매우 자연스러운 패턴이라고 생각하면 돼.
유사 표현으로는 …极了 jí le, …得很 de hěn 등이 있으니까, 친구끼리 SNS에서 혹은 일상 회화에서 자주 사용해 보는 걸 추천할게!

와, 마라탕! 급 땡긴다. 같이 먹을래?
哇，麻辣烫! 馋死了，一起吃吧?

나 다이어트 중이야.
我在减肥呢。

그럼 내가 고기 먹을테니까, 너는 채소 먹어.
那我吃肉，你吃菜。

오키, 채소니까 먹어도 살 안 찌겠지.
好啊，吃蔬菜应该不会长胖吧。

슈차이 蔬菜 shūcài 명 채소, 야채 | 잉까이 应该 yīnggāi 조동 마땅히 ~하다 | 쟝 长 zhǎng 동 증가하다

무한 반복이 답이야!

STEP 1 귀로 익히는 패턴 (track 098)
1 → 2 → 3
천천히 보통 현지인

✧ 챤 쓰 러   Chán sǐ le.

✧ 어 쓰 러   È sǐ le.

✧ 지 쓰 러   Jí sǐ le.

✧ 러 쓰 러   Rè sǐ le.

STEP 2 눈으로 익히는 패턴

✧ Chán sǐ le.   馋死了。

✧ È sǐ le.   饿死了。

✧ Jí sǐ le.   急死了。

✧ Rè sǐ le.   热死了。

STEP 3　입으로 익히는 패턴

✧ 馋死了。　　　　　　　　(음식이) 땡겨 죽겠네.

✧ 饿死了。　　　　　　　　배고파 죽겠네.

✧ 急死了。　　　　　　　　급해 죽겠네.

✧ 热死了。　　　　　　　　더워 죽겠네.

　　　　　　　　＊어 饿è 형 배고프다 | 지 急 jí 형 급하다 | 러 热 rè 형 덥다

STEP 4　손으로 익히는 패턴

✧ (음식이) 땡겨 죽겠네.

✧ 배고파 죽겠네.

✧ 급해 죽겠네.

✧ 더워 죽겠네.

타이위를 따라 잡아봐!

track 099

저자 음성

채소는 먹어도 살 안 쪄.

초급

Chī shūcài bú pàng.

吃蔬菜不胖。

중급

Chī shūcài bú huì pàng.

吃蔬菜不会胖。

고급

Chī shūcài yīnggāi bú huì zhǎng pàng ba.

吃蔬菜应该不会长胖吧。

네이티브

Shūcài bù róngyì pàng.

蔬菜不容易胖。

타이위가 풀어보는 문화

인증샷 명소 여행지

중국의 각 관광지에서 我在○○很想你. '나는 ○○에서 너를 매우 그리워한다.' 또는 想你的风还是吹到了○○. '너를 그리워하는 바람이 ○○까지 불어왔다.'라는 특별한 표지판을 볼 수 있는데요. 이 문구들은 중국 전역의 관광지에서 대표적인 인증샷 포인트로 자리매김을 했어요. 로맨틱한 메시지 덕분에 특히 커플과 젊은층에 큰 사랑을 받고 있지요. 이 표지판들을 발견하면 꼭 기념사진을 찍어 보세요. 중국 여행의 소중한 추억을 남기고, SNS에서 인기 있는 포토존을 경험하는 좋은 방법이 될 거예요.

워 짜이 지난 헌 시앙 니
Wǒ zài Jǐnán hěn xiǎng nǐ.
我在济南很想你。
나는 지난에서 너를 매우 그리워한다.

시앙 니 더 펑 하이스 츄이따오 러 챵샤
Xiǎng nǐ de fēng háishi chuīdào le Chángshā.
想你的风还是吹到了长沙。
너를 그리워하는 바람이 창사까지 불어왔다.

Unit 34

잘 생기긴 무슨!

✦에피소드를 알아야 써 먹지!   (track 100)

【 상대에게 비아냥거리기 】

워 쥐에더 타 쟝 더 팅 쓔아이 더　뚜이 바
Wǒ juéde tā zhǎng de tǐng shuài de, duì ba?

쓔아이 거 피
Shuài ge pì!

니 즈씨 칸칸　쩐 더 팅 쓔아이 더
Nǐ zǐxì kànkan, zhēn de tǐng shuài de!

쨔오 찡즈 깐 마 너 니
Zhào jìngzi gàn má ne nǐ?

단어 쥐에더 觉得 juéde 동 ~라고 느끼다 | 즈씨 仔细 zǐxì 형 자세하다, 꼼꼼하다 |

✦ 표현 이해하기!

✧ …个屁 ge pì는 '~하긴 무슨 ~냐!'라는 뜻의 비꼬는 표현이야. 요즘 중국의 젊은 세대 사이에서 일상적으로 쓰이는 재밌는 구어 표현이지만, 어조에 따라 무례하게 들릴 수 있으니 낯선 사람, 어른 앞, 공식적인 자리에서는 피해야 해! 유사 표현으로는 什么…啊 shénme…a '~는 무슨?', 哪儿有… nǎr yǒu… '어디에 ~가 있어?' 등이 있어.

얘 얼굴 꽤 잘생긴 편인 거 같은데, 그치?
我觉得他长得挺帅的，对吧?

잘생기긴 무슨!
帅个屁!

자세히 좀 봐봐, 정말 잘생겼어!
你仔细看看，真的挺帅的!

거울 보고 뭐 하고 있냐 너?
照镜子干嘛呢你?

쨔오 照 zhào 동 (거울에) 비추다 | 찡즈 镜子 jìngzi 명 거울

무한 반복이 답이야!

STEP 1 귀로 익히는 패턴 (track 101)

1 → 2 → 3
천천히 보통 현지인

◇ 쓔아이 거 피   Shuài ge pì!

◇ 동 거 피   Dǒng ge pì!

◇ 쌰오 거 피   Xiào ge pì!

◇ 쓔이 거 피   Shuì ge pì!

STEP 2 눈으로 익히는 패턴

◇ Shuài ge pì!   帅个屁!

◇ Dǒng ge pì!   懂个屁!

◇ Xiào ge pì!   笑个屁!

◇ Shuì ge pì!   睡个屁!

STEP 3 　 입으로 익히는 패턴

✧ 帅个屁!　　　　　　　잘생기긴 무슨!

✧ 懂个屁!　　　　　　　이해하긴 무슨!

✧ 笑个屁!　　　　　　　웃기긴 무슨!

✧ 睡个屁!　　　　　　　잠을 자긴 무슨!

* 샤오 笑 xiào 동 웃다 | 쉐이 睡 shuì 동 잠을 자다

STEP 4 　 손으로 익히는 패턴

✧ 잘생기긴 무슨!

✧ 이해하긴 무슨!

✧ 웃기긴 무슨!

✧ 잠을 자긴 무슨!

타이위를 따라 잡아봐!

track 102

저자 음성

이해하긴 무슨!

초급

Nǐ bù zhīdào.

你不知道。

중급

Nǐ yìdiǎnr dōu bù dǒng.

你一点儿都不懂。

고급

Nǐ dǒng ge shénme ya!

你懂个什么呀!

네이티브

Dǒng ge pì!

懂个屁!

타이위가 풀어보는 문화

중국 마사지 종류

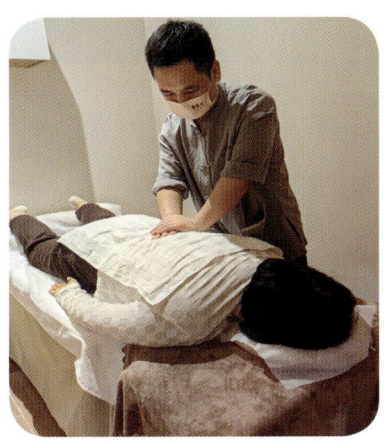

취엔션 안모 quánshēn ànmó

全身按摩 전신 마사지

60~90분 소요, 온몸의 피로를 풀어 주는 기본 코스

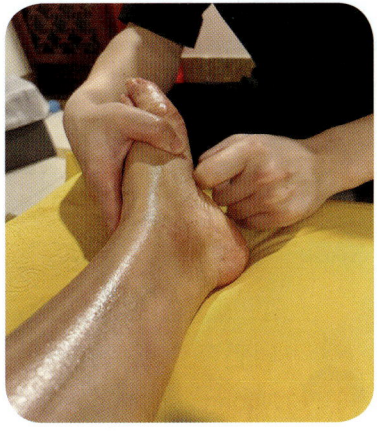

주랴오 zúliáo

足疗 발 마사지

30~60분 소요, 발의 피로와 스트레스 해소에 효과적

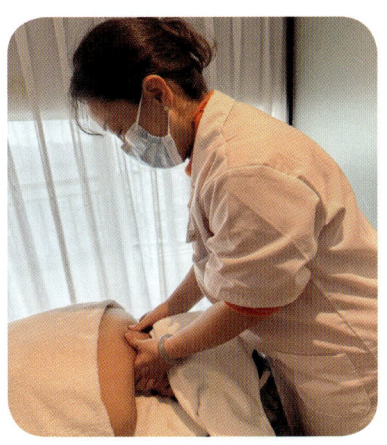

찌엔징 안모 jiānjǐng ànmó

肩颈按摩 어깨, 목 마사지

30~45분 소요, 현대인의 거북목과 어깨 결림에 효과적

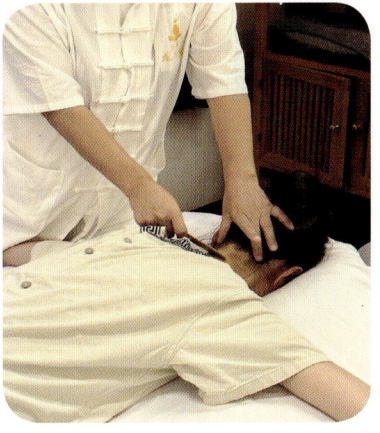

투이나 tuīná

推拿 중국 전통 수기 치료 마사지

60분 정도 소요, 경락과 혈 자리를 자극해 기혈 순환을 돕고 통증 완화에 효과적

Unit 35

너희 지금 뭐 하고 있어?

영상 보기

✦ 에피소드를 알아야 써 먹지! （track 103）

음원 듣기

【 지금 무엇을 하는지 물어보기 】

니먼 짜이 깐 션머 너
Nǐmen zài gàn shénme ne?

짜이 탸오 슈 너
Zài tiāo shū ne.

니먼 쩐 야오 칸 슈
Nǐmen zhēn yào kàn shū?

땅란 부 스 스 쮸앙스 더
Dāngrán bú shì, shì zhuāngshì de.

단어 탸오 挑 tiāo 통 선택하다, 고르다 | 슈 书 shū 명 책 | 땅란 当然 dāngrán 부 당연히, 물론 |

220

✦ **표현 이해하기!**

◇ 在…呢 zài…ne는 현재 어떤 동작을 하고 있는 중의 진행형을 나타내며, 의미는 '~하는 중이다, ~하고 있다'야. 在와 呢 중 하나를 생략해도 큰 문제는 없지만, 말투를 좀 더 부드럽게 하려면 같이 써 주는 게 좋아. 우리말의 '~하고 있어'와 완전히 같다고 보면 돼. 구어체에서 매우 자주 쓰이는 표현이니 꼭 익혀 두자고!

너희 지금 뭐 하고 있어?
你们在干什么呢?

책 고르는 중이야.
在挑书呢。

너희들 정말로 책을 읽게?
你们真要看书?

당연히 아니지, 인테리어 소품이지.
当然不是，是装饰的。

쮸앙스 装饰 zhuāngshì [동] 장식하다

무한 반복이 답이야!

STEP 1 - 귀로 익히는 패턴 (track 104)

1 → 2 → 3
천천히 보통 현지인

- 니먼 짜이 깐 션머 너   Nǐmen zài gàn shénme ne?

- 셰이 하이 짜이 칸 셔우지 너   Shéi hái zài kàn shǒujī ne?

- 워 짜이 츠판 너   Wǒ zài chīfàn ne.

- 워 짜이 시우시 너   Wǒ zài xiūxi ne.

STEP 2 - 눈으로 익히는 패턴

- Nǐmen zài gàn shénme ne?   你们在干什么呢?

- Shéi hái zài kàn shǒujī ne?   谁还在看手机呢?

- Wǒ zài chīfàn ne.   我在吃饭呢。

- Wǒ zài xiūxi ne.   我在休息呢。

STEP 3 입으로 익히는 패턴

✧ 你们在干什么呢?　　　　　너희 지금 뭐 하고 있어?

✧ 谁还在看手机呢?　　　　　누가 아직도 핸드폰을 보고 있어?

✧ 我在吃饭呢。　　　　　　　나는 밥을 먹고 있어.

✧ 我在休息呢。　　　　　　　나는 쉬고 있어.

* 셔우지 手机 shǒujī 명 핸드폰 | 시우시 休息 xiūxi 동 휴식하다

STEP 4 손으로 익히는 패턴

✧ 너희 지금 뭐 하고 있어?

✧ 누가 아직도 핸드폰을 보고 있어?

✧ 나는 밥을 먹고 있어.

✧ 나는 쉬고 있어.

타이위를 따라 잡아봐! (track 105)

 科目三
#커무싼(중국 나루토 춤)

찌엔치 찌앙후 은위엔 / 푸씨우 쨔오 밍위에
jiànqǐ jiānghú ēnyuàn / fúxiù zhào míngyuè
剑起江湖恩怨 / 拂袖罩明月

시펑 예 루어 후아 씨에 / 전 따오찌엔 난 미엔
xīfēng yè luò huā xiè / zhěn dāojiàn nán mián
西风叶落花谢 / 枕刀剑难眠

루웨이 샨허 꾸어커 취에 종 챵탄 샹 리비에
rǔwéi shānhé guòkè, què zǒng chángtàn shāng líbié
汝为山河过客，却总长叹伤离别

빈 루 슈앙 이 뻬이 농리에
bìn rú shuāng yì bēi nóngliè
鬓如霜一杯浓烈

【 의미 】

검이 들리면 강호의 원한이 일어난다 / 소매를 휘둘러 밝은 달을 가린다
서풍에 낙엽 지고 꽃이 진다 / 칼을 베고 자도 잠들기 어렵다
너는 산천을 지나는 나그네일 뿐이지만, 늘 길게 한숨 쉬며 이별을 슬퍼한다
귀밑머리는 서리처럼 세고 술 한 잔은 진하고 강렬하다

타이위가 풀어보는 문화

중국 기차의 좌석

중국의 기차는 좌석 등급에 따라 가격과 편의성이 크게 달라져요. 때문에 여행 거리와 예산에 따라 적절한 좌석을 선택하는 것이 중요해요.

루안워 ruǎnwò

软卧 푹신한 침대

4인실 개인 칸막이가 있는 최고급 침대 좌석, 장거리 여행에 적합

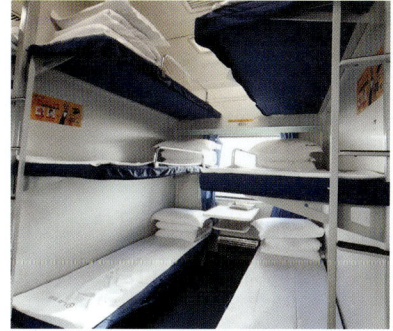

잉워 yìngwò

硬卧 딱딱한 침대

6인실 3층 침대 좌석, 가성비가 좋아 현지인들이 자주 이용

루안쭈어 ruǎnzuò

软座 푹신한 좌석

편안한 의자 좌석, 중거리 여행객에게 적합

잉쭈어 yìngzuò

硬座 딱딱한 좌석

가장 저렴한 좌석, 단거리 여행이나 여행 예산이 많지 않은 여행객에게 적합

Unit 36

얼마나 답답해!

✦ 에피소드를 알아야 써 먹지! （track 106）

【 감정 강조해서 말하기 】

쪄 츠 시앙친 여우 뻬이 쥐쥐에 러
Zhè cì xiāngqīn yòu bèi jùjué le.

뚜어 삐에취 아
Duō biēqū a!

메이 꾸안시 씨아 츠 후이 여우 하오 지에구어 더
Méi guānxi, xià cì huì yǒu hǎo jiéguǒ de.

아이 야 쪈 스 타이 웨이취 니 러
Āi yā, zhēn shì tài wěiqu nǐ le.

니 쪄 스 와쿠 바
Nǐ zhè shì wāku ba?

단어 시앙친 相亲 xiāngqīn 동 선을 보다 | 쥐쥐에 拒绝 jùjué 동 거절하다 | 삐에취 憋屈 biēqū 형 갑갑하다, 억울하다 | 씨아 츠 下次 xià cì 다음 번 | 후이 더 会…的 huì…de ~할 것이다 |

✚ 표현 이해하기!

✧ **多…啊** duō…a는 '얼마나 ~하다, 너무 ~하다'라는 뜻으로 감탄이나 강조를 할 때 많이 써. 여기서 啊는 말 끝에 붙여서 감정을 더 강조하거나 부드럽게 만들어. 이 표현은 부정적, 긍정적인 감정을 표현할 때 모두 사용할 수 있어. **真(是)…啊** zhēn (shì)…a도 비슷한 표현이니까 잘 알아둬.

이번 소개팅도 거절당했어.
这次相亲又被拒绝了。

얼마나 답답해!
多憋屈啊!

괜찮아, 다음에는 좋은 결과가 있겠지.
没关系，下次会有好结果的。

아이고, 너도 많이 답답하겠다.
哎呀，真是太委屈你了。

너 비꼬는 거지?
你这是挖苦吧?

지에구어 结果 jiéguǒ 몡 결과 | 아이 야 哎呀 āi yā 감탄사 | 웨이취 委屈 wěiqu 통 억울하게 하다 | 와쿠 挖苦 wāku 통 비꼬다, 조롱하다

무한 반복이 답이야!

STEP 1 귀로 익히는 패턴 (track 107)   1 천천히 → 2 보통 → 3 현지인

◇ 뚜어 삐에취 아   Duō biēqū a!

◇ 뚜어 웨이취 아   Duō wěiqu a!

◇ 뚜어 커리엔 아   Duō kělián a!

◇ 뚜어 하오 아   Duō hǎo a!

STEP 2 눈으로 익히는 패턴

◇ Duō biēqū a!   多憋屈啊!

◇ Duō wěiqu a!   多委屈啊!

◇ Duō kělián a!   多可怜啊!

◇ Duō hǎo a!   多好啊!

STEP 3 · 입으로 익히는 패턴

◇ 多憋屈啊!　　　　　　　　　얼마나 답답해!

◇ 多委屈啊!　　　　　　　　　얼마나 억울해!

◇ 多可怜啊!　　　　　　　　　얼마나 불쌍해!

◇ 多好啊!　　　　　　　　　　얼마나 좋아!

* 커리엔 可怜 kělián 형 가련하다, 불쌍하다

STEP 4 · 손으로 익히는 패턴

◇ 얼마나 답답해!

◇ 얼마나 억울해!

◇ 얼마나 불쌍해!

◇ 얼마나 좋아!

타이위를 따라 잡아봐!

(track 108)

저자 음성

이번 소개팅도 거절당했어.

초급

Tā jùjué le.

她拒绝了。

중급

Wǒ bèi tā jùjué le.

我被她拒绝了。

고급

Zhè cì xiāngqīn yòu bèi jùjué le.

这次相亲又被拒绝了。

네이티브

Yòu méixì le.

又没戏了。

타이위가 풀어보는 문화

호텔 객실

호텔 객실 종류를 중국어로 알아 두면 예약할 때 유용해요. 방 타입의 특징을 이해하고 선택할 수 있게 알려 줄게요.

딴런팡 dānrénfáng

单人房 싱글룸

1인용 침대 하나 있는 객실

슈앙런팡 shuāngrénfáng

双人房 더블룸

2인용 침대 하나 있는 객실

따추앙팡 dàchuángfáng

大床房 퀸룸

큰 침대 하나 있는 넓은 객실

슈앙추앙팡 shuāngchuángfáng

双床房 트윈룸

싱글 침대 두 개 있는 객실

타오팡 tàofáng

套房 스위트룸

침실과 거실이 분리된 고급 객실

Unit 37

조금 내로남불이네.

✦ 에피소드를 알아야 써 먹지! (track 109)

【 불만을 살짝만 표현하기 】

난꾸어 더 스허우 따지아 떠우 허 지우 마
Nánguò de shíhou dàjiā dōu hē jiǔ ma!

찌에 지우 샤오 쳐우 니 뿌 싱
Jiè jiǔ xiāo chóu? Nǐ bù xíng.

니 여우디얼 슈앙뱌오 아
Nǐ yǒudiǎnr shuāngbiāo a.

뉘얼 아 니 하이 웨이 쳥니엔 너
Nǚ'ér a, nǐ hái wèi chéngnián ne.

단어 난꾸어 难过 nánguò 휑 괴롭다, 고통스럽다 | 스허우 时候 shíhou 명 때, 시각 | 따지아 大家 dàjiā 대 모두 |
지우 酒 jiǔ 명 술 | 찌에 借 jiè 동 빌리다 | 샤오 消 xiāo 동 제거하다 | 쳐우 愁 chóu 동 걱정하다, 근심하다 |

✦ 표현 이해하기!

✧ 有点儿 yǒudiǎnr은 '조금, 약간'이라는 뜻이야. 주로 부정적인 감정, 상태, 성질에 살짝 불만이 섞인 느낌으로 쓰는데, 특히 기분, 성격, 상태 등을 조금 지적하거나 불편함을 표현할 때 자주 써. 친구끼리 말할 때 자주 쓰는 말투이긴 하지만, 상대방의 기분을 상하게 할 수도 있으니까 어조나 표정도 중요해.

✧ 借酒消愁는 '술로 근심을 잊다, 술 마시며 속을 달래다'라는 뜻이야. 이처럼 중국에서는 4글자로 된 관용구를 실생활에서 종종 쓰니까 이런 표현이 보인다면 꼭 눈에 담아 두면 좋아!

슬플 때 다들 술 마시잖아!
难过的时候大家都喝酒嘛!

술로 아픔을 달랜다고? 넌 안 돼.
借酒消愁? 你不行。

조금 내로남불이네.
你有点儿双标啊。

딸아, 너는 아직 미성년이야.
女儿啊, 你还未成年呢。

슈앙뱌오 双标 shuāngbiāo 내로남불 | 뉘얼 女儿 nǚ'ér 명 딸 | 웨이 未 wèi 부 아직 ~이 아니다 | 청니엔 成年 chéngnián 동 성년이 되다

무한 반복이 답이야!

STEP 1 귀로 익히는 패턴 (track 110) 1 천천히 → 2 보통 → 3 현지인

◇ 니 여우디얼 슈앙뱌오 아　　　　　Nǐ yǒudiǎnr shuāngbiāo a.

◇ 워 뚜즈 여우디얼 텅　　　　　　　Wǒ dùzi yǒudiǎnr téng.

◇ 쩌거 여우디얼 부 뚜이찐　　　　　Zhège yǒudiǎnr bú duìjìn.

◇ 쩌거 커넝 여우디얼 라　　　　　　Zhège kěnéng yǒudiǎnr là.

STEP 2 눈으로 익히는 패턴

◇ Nǐ yǒudiǎnr shuāngbiāo a.　　　你有点儿双标啊。

◇ Wǒ dùzi yǒudiǎnr téng.　　　　我肚子有点儿疼。

◇ Zhège yǒudiǎnr bú duìjìn.　　　这个有点儿不对劲。

◇ Zhège kěnéng yǒudiǎnr là.　　　这个可能有点儿辣。

STEP 3 　입으로 익히는 패턴

◇ 你有点儿双标啊。　　　　너 좀 내로남불이야.

◇ 我肚子有点儿疼。　　　　나 배가 좀 아파.

◇ 这个有点儿不对劲。　　　이거 좀 문제 있어.

◇ 这个可能有点儿辣。　　　이거 조금 매울 수 있어.

* 뚜즈 肚子 dùzi 명 배 | 부 뚜이찐 不对劲 bú duìjìn 적합하지 않다, 문제가 있다

STEP 4 　손으로 익히는 패턴

◇ 너 좀 내로남불이야.

◇ 나 배가 좀 아파.

◇ 이거 좀 문제 있어.

◇ 이거 조금 매울 수 있어.

Unit 37　235

타이위를 따라 잡아봐! (track 111)

저자 음성

이거 좀 문제 있어.

초급 — Zhège bú duì.
这个不对。

중급 — Zhè hǎoxiàng yǒudiǎnr wèntí.
这好像有点儿问题。

고급 — Zhège yǒudiǎnr qíguài.
这个有点儿奇怪。

네이티브 — Zhè ge yǒudiǎnr bú duìjìn.
这个有点儿不对劲。

타이위가 풀어보는 문화

알리페이 교통카드 설정

알리페이 앱에서 교통카드를 설정하면 지하철과 버스를 편리하게 이용할 수 있어요.

❶ 알리페이 앱 실행

츄싱 chūxíng
出行 출행

❷ 도시 선택

베이징 Běijīng
北京 베이징

❸ 교통 수단 선택

꽁쟈오 마 gōngjiāo mǎ 公交码 버스용
띠티에 마 dìtiě mǎ 地铁码 전철용
쟈오통 카 jiāotōng kǎ 交通卡 교통카드용
(외국인 사용 불가능)

❹ 선택 완료

쉬엔저 꽁쟈오 카
xuǎnzé gōngjiāo kǎ
选择公交卡 버스용 선택

❺ 설정 완료

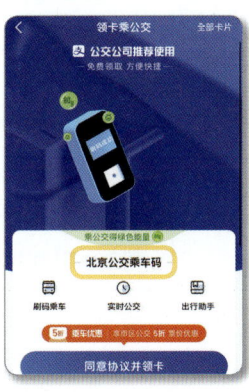

베이징 꽁쟈오 쳥쳐 마
Běijīng gōngjiāo chéngchē mǎ
北京公交乘车码 베이징 버스 탑승용

❻ QR 활용

Unit 38
쇼츠 보는 것 좀 줄여.

영상 보기

✦ 에피소드를 알아야 써 먹지!   (track 112)

음원 듣기

【 '조금만'의 정도를 표현하기 】

워 이 티엔 칸 싼 거 샤오스 두안스핀
Wǒ yì tiān kàn sān ge xiǎoshí duǎnshìpín.

샤오 칸 이디얼 두안스핀 바
Shǎo kàn yìdiǎnr duǎnshìpín ba.

워 스 가오 쯔메이티 더
Wǒ shì gǎo zìméitǐ de.

나   니 하이스 뚸어 칸 디얼 바
Nà… nǐ háishi duō kàn diǎnr ba.

단어 샤오스 小时 xiǎoshí 명 시간 | 두안스핀 短视频 duǎnshìpín 짧은 동영상 | 가오 搞 gǎo 동 하다, 처리하다 |

✦ 표현 이해하기!

✧ 一点儿 yìdiǎnr은 '(수량적으로) 조금'이라는 뜻으로 양에 초점을 둔 표현이야. 보통 명령, 제안, 부탁, 조언에서 상태나 정도의 양 조절을 표현할 때 많이 쓰여. 一点儿 yìdiǎnr에서 一를 생략하고 쓸 수도 있어.

나 하루에 3시간씩 쇼츠봐.
我一天看三个小时短视频。

쇼츠 보는 것 좀 줄여.
少看一点儿短视频吧。

내 직업이 크리에이터야.
我是搞自媒体的。

그럼… 너 쇼츠 좀 더 많이 봐.
那…你还是多看点儿吧。

쯔메이티 自媒体 zìméitǐ 1인 미디어

무한 반복이 답이야!

STEP 1 귀로 익히는 패턴 🎧 (track 113)

1 → 2 → 3
천천히 보통 현지인

◆ 샤오 칸 이디얼 두안스핀
　Shǎo kàn yìdiǎnr duǎnshìpín.

◆ 텅 쓰 러 칭 이디얼
　Téng sǐ le, qīng yìdiǎnr.

◆ 커이 슈어 만 이디얼 마
　Kěyǐ shuō màn yìdiǎnr ma?

◆ 비에 진쟝 팡 칭쑹 이디얼
　Bié jǐnzhāng, fàng qīngsōng yìdiǎnr.

STEP 2 눈으로 익히는 패턴 🔍

◆ Shǎo kàn yìdiǎnr duǎnshìpín.
　少看一点儿短视频。

◆ Téng sǐ le, qīng yìdiǎnr.
　疼死了，轻一点儿。

◆ Kěyǐ shuō màn yìdiǎnr ma?
　可以说慢一点儿吗？

◆ Bié jǐnzhāng, fàng qīngsōng yìdiǎnr.
　别紧张，放轻松一点儿。

STEP 3 입으로 익히는 패턴

✦ 少看一点儿短视频。   쇼츠 보는 것 좀 줄여.

✦ 疼死了，轻一点儿。   아파 죽겠네, 살살해 줘.

✦ 可以说慢一点儿吗?   천천히 좀 말해 줄 수 있어?

✦ 别紧张，放轻松一点儿。   긴장하지 마, 편하게 해.

* 칭 轻 qīng 형 (중량이) 가볍다 | 만 慢 màn 형 느리다 | 진장 紧张 jǐnzhāng 형 긴장하다 |
팡 放 fàng 동 풀어 놓다 | 칭쑹 轻松 qīngsōng 형 수월하다, 가볍다

STEP 4 손으로 익히는 패턴

✦ 쇼츠 보는 것 좀 줄여.

✦ 아파 죽겠네, 살살해 줘.

✦ 천천히 좀 말해 줄 수 있어?

✦ 긴장하지 마, 편하게 해.

타이위를 따라 잡아봐!

(track 114)

영상 보기

 火红的萨日朗

#붉은 백합

차오위엔 쭈이메이 더 후아 / 후어홍 더 싸르랑
cǎoyuán zuìměi de huā / huǒhóng de sàrìlǎng
草原最美的花 / 火红的萨日朗

이 멍 따오 티엔야 / 삐엔띠 스 후아시앙
yí mèng dào tiānyá / biàndì shì huāxiāng
一梦到天涯 / 遍地是花香

리우랑 더 런 아 신샹 여우 러 타
liúlàng de rén a, xīnshang yǒu le tā
流浪的人啊，心上有了她

치엔리 완리 예 후이 후이터우 왕
qiānlǐ wànlǐ yě huì huítóu wàng
千里万里也会回头望

【 의미 】

초원에서 가장 아름다운 꽃 / 불처럼 붉은 백합
꿈속에서 끝없는 곳까지/ 온통 꽃향기로 가득하네
떠도는 이 방랑자도 마음속에 그녀를 품게 되었네
천리, 만리 떨어져도 결국 돌아보게 돼

타이위가 풀어보는 문화

중국의 지역별 사투리

중국은 국토가 넓어 지역마다 사투리 차이가 매우 커요.
한국에서는 사투리를 써도 대부분 의사소통이 가능하지만, 중국은 지역별 사투리 차이가 심해 서로 못 알아듣는 경우가 많죠. 따라서 중국어 학습 시에는 먼저 표준어인 보통화를 익히고, 나중에 관심 있는 지역의 사투리를 배우는 것이 좋아요.

[예] 한자로 확인하는 표준어와 동북지역 방언의 차이

한국어	표준어	동북지역 방언
▶ 너 어디에서 왔어?	▶ 你是从哪儿来的? Nǐ shì cóng nǎr lái de?	▶ 你哪嘎哒的呢? Nǐ nǎ gā dā de ne?
▶ 너 어디 가?	▶ 你去哪儿? Nǐ qù nǎr?	▶ 嘎哈去? Gā hā qùr?
▶ 너 뭘 봐?	▶ 你看什么? Nǐ kàn shénme?	▶ 你瞅啥? Nǐ chǒu shá?
▶ 이거 너무 맛있어.	▶ 这个很好吃。 Zhège hěn hǎo chī.	▶ 这嘎嘎香。 Zhè gāgā xiāng.
▶ 그럼 어떻게 해?	▶ 那怎么办? Nà zěnme bàn?	▶ 那咋整啊? Nà zǎzhěng a?

Unit 39

너 잘 좀 생각해 봐.

✦ 에피소드를 알아야 써 먹지! (track 115)

【 다독이며 조언하기 】

아이 워 더 셔우지 취 날 러
Ái, wǒ de shǒujī qù nǎr le?

니 하오하올 시앙 이 시앙
Nǐ hǎohāor xiǎng yi xiǎng.

워 쪈 더 뿌 즈따오
Wǒ zhēn de bù zhīdào.

나 니 씨엔짜이 짜이 용 션머 껀 워 다 띠엔후아 너
Nà nǐ xiànzài zài yòng shénme gēn wǒ dǎ diànhuà ne?

오 뚜이 오 빠오치엔
Ò, duì ò, bàoqiàn.

단어 하오하올 好好儿 hǎohāor 형 잘, 제대로 | 껀 跟 gēn 전 ~와/과 | 다 띠엔후아 打电话 dǎ diànhuà 전화를 하다 |

> ✚ 표현 이해하기!

◇ **好好儿** hǎohāor + 동사는 '잘 ~하다, 제대로 ~하다'라는 뜻으로, 어떤 동작을 열심히, 성의 있게, 충분히 한다는 느낌이야. 특히 친구나 가족에게 조언이나 충고할 때 자주 사용해.

◇ **抱歉** bàoqiàn과 **道歉** dàoqiàn은 뜻이 비슷해서 헷갈리는 친구들이 많아. 하지만 抱歉은 일상적으로 '미안해요' 혹은 '죄송해요'라는 뜻으로 자주 쓰이는 감정을 담은 사과 표현이고, 道歉은 '사과하다'라는 행위 자체를 강조하는데, 좀 더 격식 있고 공식적인 상황에서 많이 사용되니까 꼭 기억해 둬!

아, 내 핸드폰 어디 갔지?
哎，我的手机去哪儿了？

너 잘 좀 생각해 봐.
你好好儿想一想。

나 진짜 모르겠어.
我真的不知道。

그럼 너 지금 나랑 뭘로 통화하는 거야.
那你现在在用什么跟我打电话呢？

 아, 맞네, 미안.
哦，对哦，抱歉。

오 哦 ò 감탄사 | 빠오치엔 抱歉 bàoqiàn 형 미안하게 생각하다

무한 반복이 답이야!

STEP 1 귀로 익히는 패턴 (track 116)

1 천천히 → 2 보통 → 3 현지인

✧ 니 하오하올 시앙 이 시앙　　　　　Nǐ hǎohāor xiǎng yi xiǎng.

✧ 니 하오하올 시우시　　　　　　　　Nǐ hǎohāor xiūxi.

✧ 워 야오 하오하올 쥰뻬이　　　　　　Wǒ yào hǎohāor zhǔnbèi.

✧ 니 게이 워 하오하올 슈어후아　　　Nǐ gěi wǒ hǎohāor shuōhuà.

STEP 2 눈으로 익히는 패턴

✧ Nǐ hǎohāor xiǎng yi xiǎng.　　　你好好儿想一想。

✧ Nǐ hǎohāor xiūxi.　　　　　　　　你好好儿休息。

✧ Wǒ yào hǎohāor zhǔnbèi.　　　　我要好好儿准备。

✧ Nǐ gěi wǒ hǎohāor shuōhuà.　　你给我好好儿说话。

STEP 3 　 입으로 익히는 패턴

✧ 你好好儿想一想。　　　　너 잘 좀 생각해 봐.

✧ 你好好儿休息。　　　　　너 푹 쉬어.

✧ 我要好好儿准备。　　　　나 잘 준비해야 돼.

✧ 你给我好好儿说话。　　　너 나한테 말 잘해라.

* 쥰뻬이 准备 zhǔnbèi 동 준비하다 | 슈어후아 说话 shuōhuà 동 말하다

STEP 4 　 손으로 익히는 패턴

✧ 너 잘 좀 생각해 봐.

✧ 너 푹 쉬어.

✧ 나 잘 준비해야 돼.

✧ 너 나한테 말 잘해라.

타이위를 따라 잡아봐!

(track 117)

저자 음성

너 나한테 말 잘해라.

초급

Nǐ shuō ba.

你说吧。

중급

Nǐ gěi wǒ hǎohāor shuōhuà.

你给我好好儿说话。

고급

Nǐ shuō qīngchu diǎnr.

你说清楚点儿。

네이티브

Gěi wǒ hǎohāor shuō!

给我好好儿说!

타이위가 풀어보는 문화

중국의 다양한 결제 방식

싸오마 즈푸
sǎomǎ zhīfù
扫码支付 QR 코드 결제
QR코드를 스캔하여 결제하는 가장 일반적인 결제 방식

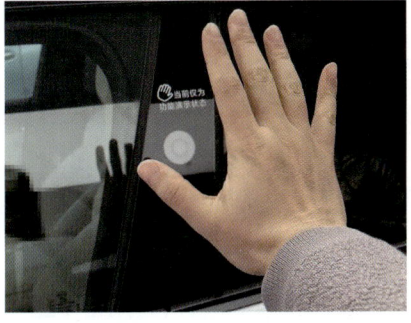

셔우쟝 즈푸
shǒuzhǎng zhīfù
手掌支付 손바닥 결제
손바닥 정맥을 인식하여 결제하는 생체인식 결제 방식

슈아리엔 즈푸
shuāliǎn zhīfù
刷脸支付 얼굴 인식 결제
안면 인식 기술을 활용한 얼굴 인증 시스템 결제 방식

펑 이 펑 즈푸
pèng yi pèng zhīfù
碰一碰支付 터치 결제
NFC 태그를 활용한 터치 결제 방식

Unit 40 연락할 수 있는 방법이 없어요.

영상 보기

✦ 에피소드를 알아야 써 먹지! (track 118)

음원 듣기

【 어쩔 수 없는 표현 말하기 】

메이뉘 찌아 거 웨이씬 바
Měinǚ, jiā ge Wēixìn ba.

워 메이 빤파 리엔씨 니
Wǒ méi bànfǎ liánxì nǐ.

셔우지 화이 러 마
Shǒujī huài le ma?

워 번라이 찌우 메이여우 셔우지
Wǒ běnlái jiù méiyǒu shǒujī.

뿌 시후안 찌우 즈 슈어 바
Bù xǐhuan jiù zhí shuō ba.

단어 메이뉘 美女 měinǚ 몡 젊은 여성을 부를 때 쓰는 호칭, 미인 | 웨이씬 微信 Wēixìn 몡 위챗(중국 메신저) | 리엔씨 联系 liánxì 동 연락하다 | 화이 坏 huài 동 고장나다 | 번라이 本来 běnlái 부 본래, 원래 |

✦ 표현 이해하기!

✧ **没办法** méi bànfǎ 는 직역하면 '방법이 없다'지만, 실제로는 '할 수 있는 게 없다, 해결할 수 없다, 어찌할 도리가 없다'와 같은 늬앙스로 쓰여. 보통은 주어 + 没办法 + 동사구 구조로 쓰여서 일상회화에서 정말 어쩔 수 없을 때, 난감할 때 자주 쓰이는 표현이야.

✧ **加个微信吧** 는 중국에서 정말 많이 쓰는 구절이야. 보통 처음 만나면 위챗을 추가하는 경우가 많으니까 이 문장을 꼭 기억해 두면 좋아.

저기요. 위챗 추가해요.
美女，加个微信吧。

내가 당신한테 연락할 방법이 없어요.
我没办法联系你。

핸드폰이 고장 났어요?
手机坏了吗?

제가 원래 핸드폰이 없어요.
我本来就没有手机。

싫으면 그냥 직접적으로 말을 해요.
不喜欢就直说吧。

찌우 就 jiù 📖 (본래)부터, 바로[원래 또는 전부터 사실이 그러함을 나타냄] | 즈 슈어 直说 zhí shuō 직언하다

무한 반복이 답이야!

STEP 1 귀로 익히는 패턴 (track 119)

1 천천히 → 2 보통 → 3 현지인

✦ 워 메이 빤파 리엔씨 니
　Wǒ méi bànfǎ liánxì nǐ.

✦ 워먼 메이 빤파 띵 퍄오
　Wǒmen méi bànfǎ dìng piào.

✦ 워 메이 빤파 페이 니 왈
　Wǒ méi bànfǎ péi nǐ wánr.

✦ 워 메이 빤파 빵 니
　Wǒ méi bànfǎ bāng nǐ.

STEP 2 눈으로 익히는 패턴

✦ Wǒ méi bànfǎ liánxì nǐ.
　我没办法联系你。

✦ Wǒmen méi bànfǎ dìng piào.
　我们没办法订票。

✦ Wǒ méi bànfǎ péi nǐ wánr.
　我没办法陪你玩儿。

✦ Wǒ méi bànfǎ bāng nǐ.
　我没办法帮你。

STEP 3 　입으로 익히는 패턴

✧ 我没办法联系你。
　내가 너한테 연락할 방법이 없어.

✧ 我们没办法订票。
　우리가 표를 예매할 방법이 없어.

✧ 我没办法陪你玩儿。
　내가 너랑 놀아 줄 수 없어.

✧ 我没办法帮你。
　내가 너를 도와줄 수 없어.

＊ 띵 퍄오 订票 dìng piào 표를 예약하다 | 페이 陪 péi 동 동반하다 | 왈 玩儿 wánr 동 놀다

STEP 4 　손으로 익히는 패턴

✧ 내가 너한테 연락할 방법이 없어.
🖉

✧ 우리가 표를 예매할 방법이 없어.
🖉

✧ 내가 너랑 놀아 줄 수 없어.
🖉

✧ 내가 너를 도와줄 수 없어.
🖉

타이위를 따라 잡아봐!

(track 120)

 **八方来财**
#파방 라이차이

이 인 이 양 즈 웨이 따오
yì yīn yì yáng zhī wèi dào
一阴一阳之谓道

즈치 똥라이
zǐqì dōnglái
紫气东来

밍마 뱌오찌아 더 나시에 우 페이 헤이 지 바이
míngmǎ biāojià de nàxiē wù fēi hēi jí bái
明码标价的那些物非黑即白

루어 썅 빤지앙 타이 치에모어 쟝떵 지에차이
ruò shàng bānjiǎng tái qièmò zhāngdēng jiécǎi
若上颁奖台切莫张灯结彩

빠시엔쮸어 더 셔우웨이 샤오부랴오 콩신차이
bāxiānzhuō de shōuwěi shǎobuliǎo kōngxīncài
八仙桌的收尾少不了空心菜

【의미】
음과 양이 하나 되는 것이 도(道)다
상서로운 기운이 동쪽에서 온다
정가가 표시된 그 물건들은 검지 않으면 흰 것
만약 시상대에 오른다 해도 요란하게 꾸미지 마라
팔선탁 마무리엔 반드시 공심채가 빠지지 않는다

타이위가 풀어보는 문화

── 축의금 문화 ──

한국

- 보통 하객이 직접 결혼식장에 와서 축의금을 내고, 방명록에 이름을 적어요.
- 봉투에 넣어 직접 내는 방식이고, 일반적으로 10만 원부터 5만 원 단위로 커지는 경우가 많아요.

중국

- 홍빠오 红包 hóngbāo라 부르는 빨간 봉투에 돈을 넣어 전달해요.
- 금액은 지역마다 차이가 크지만, 보통 600 위안, 800 위안, 1,000 위안 이상 단위로 해요. 중국인이 선호하는 길한 숫자인 6, 8에 맞춰서 666 위안, 888 위안도 많이 해요.
- 4는 죽음을 뜻하는 '쓰 死 sǐ'와 발음이 유사해서 피해요.

Unit 41

마라탕 한 그릇 주세요.

✦ 에피소드를 알아야 써 먹지!   (track 121)

【 식당에서 주문하기 】

마판 게이 워 라이 이 펀 마라탕
Máfan gěi wǒ lái yí fèn málàtàng.

니 데이 쯔지 취 찌아 차이
Nǐ děi zìjǐ qù jiā cài.

커스 쪄 예 메이여우 차이 아
Kěshì zhè yě méiyǒu cài a.

찐티엔 떠우 마이완 러
Jīntiān dōu màiwán le.

션머
Shénme?

단어   펀 份 fèn 양 부분, 몫을 세는 단위 | 찌아 夹 jiā 통 집다 | 완 完 wán 통 끝내다, 마치다

✚ 표현 이해하기!

♢ 给我来… gěi wǒ lái…는 음식점, 카페, 가게 등에서 무언가를 주문할 때 쓰는 아주 흔한 구어체 표현으로, '~를 주세요'라는 뜻이야. 여기서 来는 '오다'라는 뜻이 아닌, '가져오다, 주문하다'의 의미로 쓰여. 공손하게 말하고 싶다면 麻烦给我来… '실례지만 ~좀 주문하겠습니다', 请给我来… '~좀 부탁드리겠습니다', 可以来…吗? '~좀 주실 수 있나요?' 등으로 바꿔서 말할 수 있지만, 일반적으로 식당에서는 给我来…가 가장 자연스럽고 중국인들이 정말 많이 쓰는 표현이야!

마라탕 한 그릇 주세요.
麻烦给我来一份麻辣烫。

재료를 직접 가져오셔야 돼요.
你得自己去夹菜。

근데 여기도 재료가 없는데요.
可是这也没有菜啊。

오늘 다 팔렸어요.
今天都卖完了。

예?
什么?

무한 반복이 답이야!

STEP 1 귀로 익히는 패턴 (track 122) 1 천천히 → 2 보통 → 3 현지인

✧ 게이 워 라이 이 펀 마라탕　　　　　Gěi wǒ lái yí fèn málàtàng.

✧ 게이 워 라이 이 쟝 즈　　　　　　　Gěi wǒ lái yì zhāng zhǐ.

✧ 게이 워 라이 디얼 쳔추　　　　　　Gěi wǒ lái diǎnr chéncù.

✧ 짜이 게이 워 라이 이 완 미판　　　Zài gěi wǒ lái yì wǎn mǐfàn.

STEP 2 눈으로 익히는 패턴

✧ Gěi wǒ lái yí fèn málàtàng.　　　给我来一份麻辣烫。

✧ Gěi wǒ lái yì zhāng zhǐ.　　　　　给我来一张纸。

✧ Gěi wǒ lái diǎnr chéncù.　　　　　给我来点儿陈醋。

✧ Zài gěi wǒ lái yì wǎn mǐfàn.　　　再给我来一碗米饭。

STEP 3 입으로 익히는 패턴

◇ 给我来一份麻辣烫。　　　마라탕 한 그릇 주세요.

◇ 给我来一张纸。　　　　　종이 한 장 주세요.

◇ 给我来点儿陈醋。　　　　식초 조금만 주세요.

◇ 再给我来一碗米饭。　　　밥 한 그릇 더 주세요.

* 짱 张 zhāng 양 종이 등을 세는 단위 | 즈 纸 zhǐ 명 종이 | 천추 陈醋 chéncù 명 오래 묵은 식초 | 짜이 再 zài 부 재차, 다시 | 완 碗 wǎn 명 그릇 | 미판 米饭 mǐfàn 명 쌀밥

STEP 4 손으로 익히는 패턴

◇ 마라탕 한 그릇 주세요.

◇ 종이 한 장 주세요.

◇ 식초 조금만 주세요.

◇ 밥 한 그릇 더 주세요.

Unit 41

타이위를 따라 잡아봐! (track 123)

저자 음성

마라탕 한 그릇 주세요.

초급
yí ge málàtàng

一个麻辣烫

중급
Wǒ yào yí fèn málàtàng.

我要一份麻辣烫。

고급
Máfan gěi wǒ lái yí fèn málàtàng.

麻烦给我来一份麻辣烫。

네이티브
Lǎobǎn, lái yí fèn málàtàng.

老板，来一份麻辣烫。

타이위가 풀어보는 문화

중국의 합석 문화

중국에서는 식당이 붐빌 때 낯선 사람과 같은 테이블에서 식사하는 합석 문화가 자연스러워요. 이를 '핀쮸어 拼桌 pīnzhuō'라고 부르며, 각자 따로 식사할 뿐 대화는 거의 없어요.

합석할 때는 예의상 가볍게 인사만 하고, 서로의 사생활을 존중하며 조용히 식사하는 것이 기본 매너예요. 처음에는 어색할 수 있지만, 효율적인 공간 활용을 위한 실용적인 문화라고 생각해요.

Unit 42

너 왜 연애 안 해?

✦에피소드를 알아야 써 먹지! (track 124)

【 단순한 이유 묻기 】

니 웨이션머 뿌 탄 리엔아이 아
Nǐ wèishénme bù tán liàn'ài a?

메이 씽취
Méi xìngqù!

이스 스 쉐이 떠우 뚜이 니 메이 씽취 스 바
Yìsi shì shéi dōu duì nǐ méi xìngqù, shì ba?

군
Gǔn!

단어 탄 리엔아이 谈恋爱 tán liàn'ài 연애하다 | 씽취 兴趣 xìngqù 명 흥미 | 이스 意思 yìsi 명 의사, 생각 |

✦ 표현 이해하기!

✧ 为什么 wèishénme는 '왜, 어째서'라는 의미로, 이유를 물을 때 쓰는 대표적인 의문사야. 한국어의 '왜'와 거의 똑같은 느낌으로, 문장을 만들 때는 주어 + 为什么 + 동사/동작 형식으로 만들어 주면 돼. 앞에서 배운 怎么도 '왜'라는 의미이지만, 怎么의 '왜'는 감정을 포함하는 '왜'라면 为什么의 '왜'는 단순히 우리가 알고 있는 '왜'의 의미로 쓰여. 예를 들어 你怎么没来? '너 어떻게 안 올 수가 있어?(놀람, 걱정, 약간의 감정 포함)', 你为什么没来? '너 왜 안 왔어?(단순히 이유 묻기)'처럼 말할 수 있어!

너 왜 연애 안 해?
你为什么不谈恋爱啊?

흥미가 없어!
没兴趣!

 그니까 아무도 너한테 흥미가 없다는 말이지?
意思是谁都对你没兴趣，是吧?

꺼져!
滚!

뚜이 对 duì 젠 ~에게 | 군 滚 gǔn 동 나가다, 떠나다

무한 반복이 답이야!

STEP 1 귀로 익히는 패턴 (track 125)   1 → 2 → 3 (천천히 / 보통 / 현지인)

◆ 니 웨이션머 뿌 탄 리엔아이 아
　Nǐ wèishénme bù tán liàn'ài a?

◆ 니 웨이션머 뿌 후이 워 샤오시
　Nǐ wèishénme bù huí wǒ xiāoxi?

◆ 니 웨이션머 부 쓔이쨔오 너
　Nǐ wèishénme bú shuìjiào ne?

◆ 니먼 리아 웨이션머 챠오찌아
　Nǐmen liǎ wèishénme chǎojià?

STEP 2 눈으로 익히는 패턴

◆ Nǐ wèishénme bù tán liàn'ài a?
　你为什么不谈恋爱啊?

◆ Nǐ wèishénme bù huí wǒ xiāoxi?
　你为什么不回我消息?

◆ Nǐ wèishénme bú shuìjiào ne?
　你为什么不睡觉呢?

◆ Nǐmen liǎ wèishénme chǎojià?
　你们俩为什么吵架?

STEP 3 입으로 익히는 패턴

✧ 你为什么不谈恋爱啊?   너 왜 연애 안 해?

✧ 你为什么不回我消息?   너 왜 답장 안 해?

✧ 你为什么不睡觉呢?   너 왜 안 자는 거야?

✧ 你们俩为什么吵架?   너네 둘 왜 싸워?

* 후이 回 huí 동 대답하다, 회신하다 | 슈이쨔오 睡觉 shuìjiào 동 잠을 자다 | 리아 俩 liǎ 양 두 사람 | 챠오찌아 吵架 chǎojià 동 말다툼하다

STEP 4 손으로 익히는 패턴

✧ 너 왜 연애 안 해?

✧ 너 왜 답장 안 해?

✧ 너 왜 안 자는 거야?

✧ 너네 둘 왜 싸워?

타이위를 따라 잡아봐! (track 126)

저자 음성

— 너 왜 연애 안 해? —

초급

Nǐ yǒu nǚpéngyou ma?

你有女朋友吗?

중급

Nǐ zěnme hái méiyǒu nǚpéngyou a?

你怎么还没有女朋友啊?

고급

Nǐ wèishénme bù tán liàn'ài a?

你为什么不谈恋爱啊?

네이티브

Nǐ bù zhǎo duìxiàng ma?

你不找对象吗?

타이위가 풀어보는 문화

중국인들의 위챗 소통 방식

우리나라는 메신저나 문자를 할 때 글자를 입력하는 방법을 쓰지요. 이것을 중국어로 '다쯔 打字 dǎzì'라고 하는데요. 이와 반대로 중국에서는 복잡한 한자를 입력하는 대신 음성메시지로 보내는데, 이 방법을 '파 위인 发语音 fā yǔyīn'이라고 해요. 중국인과 메신저로 대화를 한다면, 더 빠르고 편리한 소통을 위해 음성 기능을 사용해 보세요. 더 편리할 거예요.

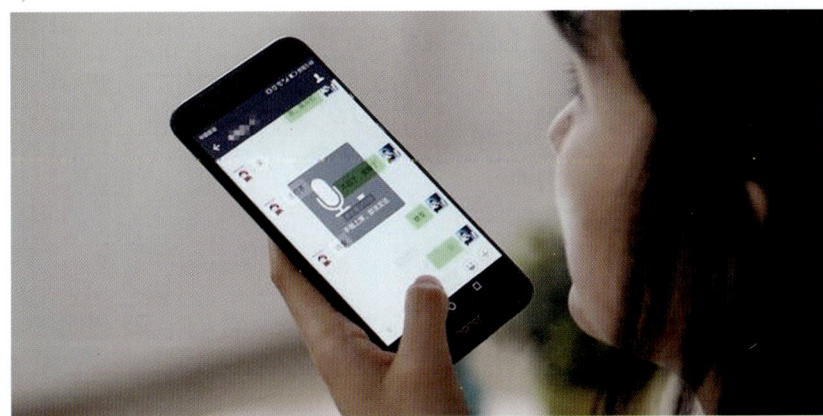

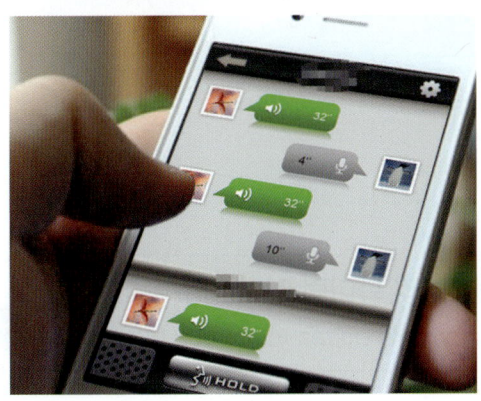

Unit 43

내가 실수로 스포했네.

 영상 보기

✚ 에피소드를 알아야 써 먹지! (track 127)

 음원 듣기

【 실수 표현 말하기 】

워 뿌 샤오신 쥐 터우 러
Wǒ bù xiǎoxīn jù tòu le.

응 쥐 터우 러 션머
Ńg? Jù tòu le shénme?

워 슈어 러 화이런 후이 쓰
Wǒ shuō le huàirén huì sǐ.

띠엔잉리 화이런 이빤 떠우 후이 쓰 아
Diànyǐngli huàirén yìbān dōu huì sǐ a.

단어 쥐 터우 劇透 jù tòu 스포일러하다 | 화이런 坏人 huàirén 명 나쁜 사람 | 띠엔잉 电影 diànyǐng 명 영화 |

✦ 표현 이해하기!

✧ **不小心** bù xiǎoxīn은 '실수로 ~하다, 나도 모르게 ~했다, 의도치 않게 ~했다'라는 뜻으로 동작 앞에 쓰는 경우가 많아. 일상 회화에서 정말 자주 쓰이는 표현이니까 꼭 알아 둬.
不小心의 반댓말 故意 gùyì를 같이 알아 두면 좋아! '일부러'라는 뜻으로 실수가 아닌 의도를 가지고 한 경우에 쓰이니까.

내가 실수로 스포했네.
我不小心剧透了。

응? 뭘 스포했는데?
嗯？剧透了什么？

악당이 죽는다고 했잖아.
我说了坏人会死。

영화에서는 보통 악당이 죽어.
电影里坏人一般都会死啊。

이빤 一般 yìbān [형] 일반적이다

무한 반복이 답이야!

STEP 1 귀로 익히는 패턴 (track 128)   1 → 2 → 3 천천히 보통 현지인

◇ 워 뿌 샤오신 쮜 터우 러   Wǒ bù xiǎoxīn jù tòu le.

◇ 워 뿌 샤오신 츠따오 러   Wǒ bù xiǎoxīn chídào le.

◇ 워 뿌 샤오신 슈아이 다오 러   Wǒ bù xiǎoxīn shuāi dǎo le.

◇ 워 뿌 샤오신 탕 샹 러 셔우   Wǒ bù xiǎoxīn tàng shāng le shǒu.

STEP 2 눈으로 익히는 패턴

◇ Wǒ bù xiǎoxīn jù tòu le.   我不小心剧透了。

◇ Wǒ bù xiǎoxīn chídào le.   我不小心迟到了。

◇ Wǒ bù xiǎoxīn shuāi dǎo le.   我不小心摔倒了。

◇ Wǒ bù xiǎoxīn tàng shāng le shǒu.   我不小心烫伤了手。

STEP 3 입으로 익히는 패턴

◇ 我不小心剧透了。　　　　　나 실수로 스포했어.

◇ 我不小心迟到了。　　　　　나 실수로 지각했어.

◇ 我不小心摔倒了。　　　　　나 실수로 엎어졌어.

◇ 我不小心烫伤了手。　　　　나 실수로 손을 데었어.

* 슈아이 다오 摔倒 shuāi dǎo 자빠지다 | 탕 샹 烫伤 tàng shāng 데다

STEP 4 손으로 익히는 패턴

◆ 나 실수로 스포했어.

◆ 나 실수로 지각했어.

◆ 나 실수로 엎어졌어.

◆ 나 실수로 손을 데었어.

타이위를 따라 잡아봐! (track 129)

영상 보기

扛过枪放过羊

#캉 꾸어 치앙 팡 꾸어 양

워 캉 캉 캉 캉 캉 꾸어 치앙
wǒ káng káng káng káng káng guo qiāng
我扛扛扛扛扛过枪

팡 팡 팡 꾸어 양
fàng fàng fàng guo yáng
放放放过羊

비에 껀 워 슈어 이치 리우랑
bié gēn wǒ shuō yìqǐ liúlàng
别跟我说一起流浪

찌우 칸 니 스퍼우 쌰오쓘 띠에 허 니앙
jiù kàn nǐ shìfǒu xiàoshùn diē hé niáng
就看你是否孝顺爹和娘

찌우 칸 니 스퍼우 원러우 쌴리앙
jiù kàn nǐ shìfǒu wēnróu shànliáng
就看你是否温柔善良

【 의미 】
나는 무겁게 총을 메고 지나와서
양을 풀어 주었다
나와 함께 떠돌자고 말하지 말라
네가 아버지와 어머니께 효도하는지 봐야겠다
네가 다정하고 선한 사람인지 봐야겠다

타이위가 풀어보는 문화

휴대용 티슈

중국 여행 시 휴대용 티슈는 필수품이에요. 공중화장실에는 휴지가 없는 곳이 많아 개인이 준비해야 하며, 식당이나 길거리에서도 개인 위생용 티슈를 자주 사용해요. 때문에 중국 마트나 상점에서는 한 손에 들어오는 휴대용 휴지나 물티슈 품목이 많은 것을 볼 수 있어요.

Unit 44 너 오랫동안 연애 못 해 봤지?

✦에피소드를 알아야 써 먹지! (track 130)

【 오랫동안 하지 못한 표현 말하기 】

니 하오지우 메이 탄 리엔아이 러 바
Nǐ hǎojiǔ méi tán liàn'ài le ba?

전머 러   칸 더 츄라이 마
Zěnme le? Kàn de chūlai ma?

응 응 칸 니 더 리엔 찌우 넝 칸 더 츄라이
Ǹg ǹg, kàn nǐ de liǎn jiù néng kàn de chūlai.

나 부 찌우 스 슈어 워 쟝 더 쳐우 마
Nà bú jiù shì shuō wǒ zhǎng de chǒu ma?

단어 칸 츄라이 看出来 kàn chūlai 보여지다 | 리엔 脸 liǎn 명 얼굴 | 쳐우 丑 chǒu 형 못생기다

✦ 표현 이해하기!

◇ **好久没** hǎojiǔ méi는 '오랫동안 ~하지 않았다'라는 뜻으로, **好久**의 '오랫동안'이라는 뜻과 **没**의 '~하지 않았다'라는 의미의 결합이야. 보통 **好久没** 다음에는 상황을 말하면 돼! 구어에서는 **好久没** 대신에 그냥 **很久没**도 쓰지만, **好久没**가 구어체에서 좀 더 자연스러운 표현이야.

너 오랫동안 연애 못 해 봤지?
你好久没谈恋爱了吧?

왜? 티나?
怎么了? 看得出来吗?

응 응, 니 얼굴 보니까 완전 티나.
嗯嗯, 看你的脸就能看得出来。

그건 그냥 내가 못 생겼다는 말 아니야?
那不就是说我长得丑吗?

무한 반복이 답이야!

STEP 1 　귀로 익히는 패턴　(track 131)

1 천천히 → 2 보통 → 3 현지인

✧ 니 하오지우 메이 탄 리엔아이 러 바　　Nǐ hǎojiǔ méi tán liàn'ài le ba?

✧ 워 하오지우 메이 츠 후어구어 러　　Wǒ hǎojiǔ méi chī huǒguō le.

✧ 워먼 하오지우 메이 찌엔 러 바　　Wǒmen hǎojiǔ méi jiàn le ba?

✧ 워 하오지우 메이 카오 HSK 러　　Wǒ hǎojiǔ méi kǎo HSK le.

STEP 2 　눈으로 익히는 패턴

✧ Nǐ hǎojiǔ méi tán liàn'ài le ba?　　你好久没谈恋爱了吧？

✧ Wǒ hǎojiǔ méi chī huǒguō le.　　我好久没吃火锅了。

✧ Wǒmen hǎojiǔ méi jiàn le ba?　　我们好久没见了吧？

✧ Wǒ hǎojiǔ méi kǎo HSK le.　　我好久没考HSK了。

STEP 3 입으로 익히는 패턴

◇ 你好久没谈恋爱了吧?   너 오랫동안 연애 못 해 봤지?

◇ 我好久没吃火锅了。   나 오랫동안 훠궈 못 먹었어.

◇ 我们好久没见了吧?   우리 오랫동안 못 본 거 같네?

◇ 我好久没考HSK了。   나 오랜 기간 HSK를 본 적 없어.

* 후어구어 火锅 huǒguō 몡 훠궈(요리명) | 카오 考 kǎo 동 시험치다

STEP 4 손으로 익히는 패턴

◇ 너 오랫동안 연애 못 해 봤지?

◇ 나 오랫동안 훠궈 못 먹었어.

◇ 우리 오랫동안 못 본 거 같네?

◇ 나 오랜 기간 HSK를 본 적 없어.

타이위를 따라 잡아봐!

(track 132)

니 얼굴 보니까 완전 티나.

초급

Kàn nǐ de liǎn, wǒ zhīdào.

看你的脸，我知道。

중급

Wǒ kàn nǐ jiù zhīdào le.

我看你就知道了。

고급

Kàn nǐ de liǎn jiù néng kàn de chūlai.

看你的脸就能看得出来。

네이티브

Nǐ liǎnshang xiě zhe ne!

你脸上写着呢!

타이위가 풀어보는 문화

여행 중 전문 촬영 서비스

'뤼 파이 旅拍 lǚ pāi'는 여행 중에 전문 사진작가와 함께하는 촬영 서비스로, 관광과 화보 촬영을 동시에 즐길 수 있어요. 최근 중국에서는 커플, 가족, 친구끼리 여행하면서 기념 사진을 멋지게 남기기 위해 많이 이용하고 있어요.

유명 관광지에는 전문 사진작가들이 대기하고 있어서 즉석에서 바로 촬영 서비스를 예약할 수 있으며, 미리 온라인으로 예약하는 경우도 많아요. 일반 관광 사진보다 훨씬 퀄리티 높은 추억을 남길 수 있어서 인기가 좋으니 꼭 경험해 보세요.

Unit 45

너 갈수록 정떨어져.

+에피소드를 알아야 써 먹지! (track 133)

【 점점 변화가 깊어지는 표현 말하기 】

니 위에 라이 위에 씨아 터우 러 나 워먼 펀셔우 바
Nǐ yuè lái yuè xià tóu le. Nà wǒmen fēnshǒu ba!

워먼 쨔오왕 꾸어 마
Wǒmen jiāowǎng guo ma?

부 스 마
Bú shì ma?

워 뿌 즈따오
Wǒ bù zhīdào.

니 쪄 거 쨔 난
Nǐ zhè ge zhā nán!

단어 씨아 터우 下头 xià tóu 정떨어지다 | 펀셔우 分手 fēnshǒu 통 헤어지다 | 쨔오왕 交往 jiāowǎng 통 교제하다 |

✚ 표현 이해하기!

◇ 越来越 yuè lái yuè는 '점점 더 ~하다, 갈수록 ~하다'라는 뜻으로, 어떤 상태나 정도가 시간이 지나면서 점점 더 심하게 변하는 것을 표현해. 보통 형용사나 동사 앞에 쓰고, 긍정적인 변화든 부정적인 변화든 모두 표현할 수 있다는 특징이 있어.

◇ 你这个渣男! 이라는 표현에는 동사가 없지만 회화에서 흔히 쓰이는 표현이야. 동사를 안 써도 의미가 통하는 구조인데, 이런 표현은 구어체에서 자주 쓰이니까 꼭 알아 두자고!

너 갈수록 정떨어져. 그럼 우리 헤어지자!
你越来越下头了。那我们分手吧!

우리 사귄 적 있어?
我们交往过吗?

아니었어?
不是吗?

나는 몰라.
我不知道。

이 쓰레기 X!
你这个渣男!

쨔 난 渣男 zhā nán 쓰레기 같은 남자

무한 반복이 답이야!

STEP 1 | 귀로 익히는 패턴 (track 134)

1 천천히 → 2 보통 → 3 현지인

✧ 니 위에 라이 위에 씨아 터우 러
  Nǐ yuè lái yuè xià tóu le.

✧ 워 위에 라이 위에 씨앙 니 러
  Wǒ yuè lái yuè xiàng nǐ le.

✧ 니 위에 라이 위에 씨앙 츠후어 러
  Nǐ yuè lái yuè xiàng chīhuò le.

✧ 니 위에 라이 위에 퍄오리앙 / 쑤아이 러
  Nǐ yuè lái yuè piàoliang / shuài le.

STEP 2 | 눈으로 익히는 패턴

✧ Nǐ yuè lái yuè xià tóu le.
  你越来越下头了。

✧ Wǒ yuè lái yuè xiàng nǐ le.
  我越来越像你了。

✧ Nǐ yuè lái yuè xiàng chīhuò le.
  你越来越像吃货了。

✧ Nǐ yuè lái yuè piàoliang / shuài le.
  你越来越漂亮 / 帅了。

STEP 3 　입으로 익히는 패턴

✧ 你越来越下头了。
　너 갈수록 정떨어져.

✧ 我越来越像你了。
　나 갈수록 너를 닮아가.

✧ 你越来越像吃货了。
　너 갈수록 쩝쩝 박사가 돼가네.

✧ 你越来越漂亮 / 帅了。
　너 갈수록 예뻐지네. / 잘생겨지네.

＊ 츠후어 吃货 chīhuò 명 쩝쩝 박사, 먹깨비, 식충이(비속어)

STEP 4 　손으로 익히는 패턴

✧ 너 갈수록 정떨어져.

✧ 나 갈수록 너를 닮아가.

✧ 너 갈수록 쩝쩝 박사가 돼가네.

✧ 너 갈수록 예뻐지네. / 잘생겨지네.

타이위를 따라 잡아봐!

(track 135)

우리 헤어지자!

我要分手。

我们不合适，分手吧。

我们走不下去了。

我们分手吧!

타이웨가 풀어보는 문화

'내가 낼게'

중국에서는 더치페이보다 한 사람이 계산을 하는 문화가 더 일반적이에요. 특히 친구들끼리 식사할 때는 서로 계산하겠다고 싸우는 모습을 자주 볼 수 있어요. 이는 체면과 인간관계를 중시하는 중국 문화의 특징으로, 먼저 계산하려는 것이 상대방에 대한 배려와 호의를 표현하는 방식이에요. 만약 중국 친구와 식사를 했을 때 먼저 계산하겠다고 하면 진심으로 감사를 표하고, 다음에는 본인이 계산하겠다고 말하는 것이 좋아요.

Unit 46

나 진짜 더 이상 못 보겠다!

✦에피소드를 알아야 써 먹지!　(track 136)

【 불편해서 더 이상 할 수 없는 표현 말하기 】

 니 칸 쪄 거 미엔쮜 전머양
Nǐ kàn zhè ge miànjù zěnmeyàng?

하 하 하　타이 난칸 러
Hā hā hā, tài nánkàn le!

 나 쪄 거 너
Nà zhè ge ne?

타이 라 옌징 러 워 스짜이 칸 부 씨아취 러
Tài là yǎnjing le! Wǒ shízài kàn bú xiàqu le!

 쪄 떠우 부 스 미엔쮜 너
Zhè dōu bú shì miànjù ne.

단어　미엔쮜 面具 miànjù 명 마스크 | 하 哈 hā 의성어 | 옌징 眼睛 yǎnjing 명 눈 | 스짜이 实在 shízài 부 사실상

＋표현 이해하기!

◇ 동사 + 不下去 bú xiàqu는 '더 이상 ~할 수 없다, 참을 수 없다, 견딜 수 없다'라는 뜻으로, 어떤 행동이나 상태를 불편해서 계속할 수 없는 상황을 나타낼 때 사용해. 감정이 많이 실리는 표현으로, 일상 대화에서 자주 사용되니까 암기해 둬!

너가 보기에 이 마스크 어때?
你看这个面具怎么样?

하하하, 너무 못 생겼다!
哈哈哈，太难看了!

그럼 이거는?
那这个呢?

눈 썩겠어! 나 진짜 더 이상 못 보겠다!
太辣眼睛了! 我实在看不下去了!

이건 마스크가 아닌데.
这都不是面具呢。

무한 반복이 답이야!

STEP 1 　귀로 익히는 패턴　(track 137)　1 천천히 → 2 보통 → 3 현지인

◇ 워 칸 부 씨아취 러　　　　　　　Wǒ kàn bú xiàqu le.

◇ 워 팅 부 씨아취 러　　　　　　　Wǒ tīng bú xiàqu le.

◇ 워 찌엔츠 부 씨아취 러　　　　　Wǒ jiānchí bú xiàqu le.

◇ 워 쪈 더 푸두 부 씨아취 러　　　Wǒ zhēn de fùdú bú xiàqu le.

STEP 2 　눈으로 익히는 패턴

◇ Wǒ kàn bú xiàqu le.　　　　　　我看不下去了。

◇ Wǒ tīng bú xiàqu le.　　　　　　我听不下去了。

◇ Wǒ jiānchí bú xiàqu le.　　　　我坚持不下去了。

◇ Wǒ zhēn de fùdú bú xiàqu le.　我真的复读不下去了。

STEP 3 입으로 익히는 패턴

✧ 我看不下去了。　　　　나 더 이상 못 보겠어.

✧ 我听不下去了。　　　　나 더 이상 못 듣겠어.

✧ 我坚持不下去了。　　　나 더 이상 못 버티겠어.

✧ 我真的复读不下去了。　나 진짜 더는 재수 못 하겠어.

* 찌엔츠 坚持 jiānchí 통 지속하다, 고집하다 | 푸두 复读 fùdú 통 재수하다

STEP 4 손으로 익히는 패턴

✧ 나 더 이상 못 보겠어.

✧ 나 더 이상 못 듣겠어.

✧ 나 더 이상 못 버티겠어.

✧ 나 진짜 더는 재수 못 하겠어.

타이위를 따라 잡아봐!

(track 138)

저자 음성

나 더 이상 못 버티겠어.

초급

bù néng jìxù

不能继续

중급

Wǒ shòubuliǎo le.

我受不了了。

고급

Wǒ jiānchí bú xiàqu le.

我坚持不下去了。

네이티브

Wǒ bù xíng le.

我不行了。

타이위가 풀어보는 문화

帅哥와 美女 호칭

'쑤와이꺼 帅哥 shuàigē'와 '메이뉘 美女 měinǚ'는 중국에서 외모와 상관없이 낯선 사람에게 친근하게 부르는 일반적인 호칭이에요. 점원이 손님을 부르거나 길거리에서 모르는 사람에게 말을 걸 때 자주 사용돼요. 우리말의 '아저씨, 아가씨'처럼 나이나 외모에 관계없이 누구에게나 예의 있게 사용할 수 있는 친근한 표현으로 이해하면 돼요.

Unit 46　291

Unit 47

너 어디서 왔어?

+ 에피소드를 알아야 써 먹지! (track 139)

 영상 보기

 음원 듣기

【 상대의 출신 물어보기 】

니 스 총 날 라이 더
Nǐ shì cóng nǎr lái de?

워 스 총 한구어 라이 더
Wǒ shì cóng Hánguó lái de.

비에 피엔 워, 한쮜리 껀번 메이 쪄종 한구어 난셩
Bié piàn wǒ, Hánjùli gēnběn méi zhèzhǒng Hánguó nánshēng!

씨엔스 찌우 스 쪄양 더
Xiànshí jiù shì zhèyàng de.

나 워 뿌 쉬에 한위 러
Nà wǒ bù xué Hányǔ le.

단어 | 한쮜 韩剧 Hánjù 명 한국 드라마 | 껀번 根本 gēnběn 부 이전부터 지금까지 | 난셩 男生 nánshēng 명 남성 |

✦ 표현 이해하기!

✧ 从…来的 cóng…lái de는 '~에서 왔다', 즉 출신 지역이나 어느 장소에서 왔는지를 말할 때 사용해. 단순히 '오다'가 아닌, '지금 여기에 있지만, 원래는 거기 출신이야'라는 의미야. 비슷한 표현으로는 你来自哪儿? '너는 어디에서 왔어?(조금 더 격식 있음)', 你是哪儿人? '너는 어디 사람이야?(조금 더 구어체 느낌)'라는 표현이 있어.

너 어디서 왔어?
你是从哪儿来的?

나는 한국에서 왔어.
我是从韩国来的。

거짓말 하지 마. 한국 드라마에 본래 이런 한국 남자는 없던데!
别骗我，韩剧里根本没这种韩国男生！

이게 현실이야.
现实就是这样的。

그럼 나 한국어 공부 안 할래.
那我不学韩语了。

씨엔스 现实 xiànshí 명 현실 | 한위 韩语 Hányǔ 명 한국어

무한 반복이 답이야!

STEP 1 귀로 익히는 패턴 (track 140)

1 → 2 → 3
천천히 보통 현지인

✧ 니 스 총 날 라이 더
Nǐ shì cóng nǎr lái de?

✧ 워 스 총 메이구어 라이 더
Wǒ shì cóng Měiguó lái de.

✧ 쪄시에 쉐이구어 스 총 위에난 라이 더
Zhèxiē shuǐguǒ shì cóng Yuènán lái de.

✧ 워 더 라오스 스 총 잉구어 라이 더
Wǒ de lǎoshī shì cóng Yīngguó lái de.

STEP 2 눈으로 익히는 패턴

✧ Nǐ shì cóng nǎr lái de?
你是从哪儿来的?

✧ Wǒ shì cóng Měiguó lái de.
我是从美国来的。

✧ Zhèxiē shuǐguǒ shì cóng Yuènán lái de.
这些水果是从越南来的。

✧ Wǒ de lǎoshī shì cóng Yīngguó lái de.
我的老师是从英国来的。

STEP 3 입으로 익히는 패턴

✧ 你是从哪儿来的? 너 어디서 왔어?

✧ 我是从美国来的。 나는 미국에서 왔어.

✧ 这些水果是从越南来的。 이 과일은 베트남에서 왔어.

✧ 我的老师是从英国来的。 나의 선생님은 영국에서 왔어.

* 메이구어 美国 Měiguó 고유 미국 | 쪄시에 这些 zhèxiē 대 이것들 | 위에난 越南 Yuènán 고유 베트남 | 라오스 老师 lǎoshī 명 선생님 | 잉구어 英国 Yīngguó 고유 영국

STEP 4 손으로 익히는 패턴

✧ 너 어디서 왔어?

✧ 나는 미국에서 왔어.

✧ 이 과일은 베트남에서 왔어.

✧ 나의 선생님은 영국에서 왔어.

타이위를 따라 잡아봐!

(track 141)

저자 음성

나는 한국에서 왔어.

초급

Wǒ shì Hánguórén.

我是韩国人。

중급

Wǒ lái zì Hánguó.

我来自韩国。

고급

Wǒ shì cóng Hánguó lái de.

我是从韩国来的。

네이티브

Wǒ Hánguó lái de.

我韩国来的。

타이위가 풀어보는 중국어

儿 발음은 왜 사용할까?

중국어를 들어 보면 영어의 R 발음처럼 혀를 말은 소리가 많이 들리는데요. 그 소리는 '얼 儿 ér'을 발음한 소리예요. 북방지역에서 제일 많이 들을 수 있으며, 이 발음은 어투를 둥글둥글하게 만들어 자체를 부드럽게 하는 효과가 있어요.

랴오티엔	랴오티얼
liáotiān	liáotiānr
聊天	聊天儿

수다 떨다

완	왈
wán	wánr
玩	玩儿

놀다

쪄	쩔
zhè	zhèr
这	这儿

여기

여우디엔	여우디얼
yǒudiǎn	yǒudiǎnr
有点	有点儿

조금

Unit 48
꼭 처음 먹어 보는 사람같이 먹냐.

✦ 에피소드를 알아야 써 먹지! (track 142)

【 닮은 꼴 묘사하기 】

니 칸 치라이 씨앙 총라이 메이 츠 꾸어 스 더
Nǐ kàn qǐlai xiàng cónglái méi chī guo shì de.

위즈 찌앙 워 스 띠 이 츠 츠 쩐 하오 츠
Yúzǐ jiàng wǒ shì dì yī cì chī, zhēn hǎo chī.

나 스 싼원위 즈   씨아 이 따오 차이 차이 스 위즈 찌앙
Nà shì sānwényú zǐ, xià yí dào cài cái shì yúzǐ jiàng.

자오 슈어 아
Zǎo shuō a.

단어 총라이 从来 cónglái 부 지금까지 | 위즈 찌앙 鱼子酱 yúzǐ jiàng 캐비어, 생선알로 담근 젓 |

✦ 표현 이해하기!

✧ 像…似的 xiàng…shì de는 '마치 ~인 것 같다, ~처럼 보인다'라는 뜻으로, 어떤 행동이나 상태를 보이는 대로 표현할 때 쓰는 표현이야. 비슷한 표현으로는 好像 hǎoxiàng이 있지만, 像…似的는 더 생생한 느낌을 줘. 상황에 따라 像을 생략하면 구어체 느낌이 더 강해져!

꼭 처음 먹어 보는 사람같이 먹냐.
你看起来像从来没吃过似的。

캐비어는 내가 처음 먹어 보는데, 너무 맛있다.
鱼子酱我是第一次吃，真好吃。

그거는 연어 알이고, 다음 요리가 캐비어야.
那是三文鱼子，下一道菜才是鱼子酱。

일찍 말해 줬어야지.
早说啊。

싼원위 즈 三文鱼子 sānwényú zǐ 연어 알 | 따오 道 dào 양 번, 번째

무한 반복이 답이야!

STEP 1 귀로 익히는 패턴 (track 143)

1 → 2 → 3
천천히 보통 현지인

◇ 니 칸 치라이 씨앙 총라이 메이 츠 꾸어 스 더
　Nǐ kàn qǐlai xiàng cónglái méi chī guo shì de.

◇ 마마 셩 치 치 라이 씨앙 라오후 스 더
　Māma shēng qǐ qì lai xiàng lǎohǔ shì de.

◇ 니 씨앙 워 마 스 더 구안 워 더 시엔스
　Nǐ xiàng wǒ mā shì de guǎn wǒ de xiánshì.

◇ 타 쌰오 치라이 씨앙 샤오거우 스 더
　Tā xiào qǐlai xiàng xiǎogǒu shì de.

STEP 2 눈으로 익히는 패턴

◇ Nǐ kàn qǐlai xiàng cónglái méi chī guo shì de.
　你看起来像从来没吃过似的。

◇ Māma shēng qǐ qì lai xiàng lǎohǔ shì de.
　妈妈生起气来像老虎似的。

◇ Nǐ xiàng wǒ mā shì de guǎn wǒ de xiánshì.
　你像我妈似的管我的闲事。

◇ Tā xiào qǐlai xiàng xiǎogǒu shì de.
　他笑起来像小狗似的。

STEP 3 　입으로 익히는 패턴

◇ 你看起来像从来没吃过似的。
　꼭 처음 먹어 보는 사람같이 먹네.

◇ 妈妈生起气来像老虎似的。
　엄마가 화내는 게 호랑이랑 똑같아.

◇ 你像我妈似的管我的闲事。
　너 우리 엄마처럼 내 일에 오지랖 부리네.

◇ 他笑起来像小狗似的。
　걔 웃는 게 강아지 같아.

＊ 라오후 老虎 lǎohǔ 명 호랑이 | 구안 管 guǎn 통 단속하다 | 시엔스 闲事 xiánshì 명 남의 일 | 샤오 치라이 笑起来 xiào qǐlai 웃다

STEP 4 　손으로 익히는 패턴

◇ 꼭 처음 먹어 보는 사람같이 먹네.
✎

◇ 엄마가 화내는 게 호랑이랑 똑같아.
✎

◇ 너 우리 엄마처럼 내 일에 오지랖 부리네.
✎

◇ 걔 웃는 게 강아지 같아.
✎

타이위를 따라 잡아봐!

(track 144)

저자 음성

꼭 처음 먹어 보는 사람같이 먹냐.

초급

Nǐ méi chī guo ma?

你没吃过吗?

중급

Nǐ kàn qǐlai xiàng méi chī guo yíyàng.

你看起来像没吃过一样。

고급

Nǐ kàn qǐlai xiàng cónglái méi chī guo shì de.

你看起来像从来没吃过似的。

네이티브

Nǐ dì yī cì chī a?

你第一次吃啊?

타이위가 풀어보는 중국어

중국판 '내가 그린 기린 그림'

성조와 발음 때문에 중국어 학습을 망설인다고요?
타이위처럼 말하고 싶다면, 아래 문장을 연습해 보세요!

◇ **초급 단계 발음 연습**

쓰 스 쓰 스 스 스 스쓰 스 스쓰 쓰스 스 쓰스
sì shì sì, shí shì shí, shísì shì shísì, sìshí shì sìshí

四是四，十是十，十四是十四，四十是四十
넷은 넷이고, 열은 열이다. 열넷은 열넷이고, 마흔은 마흔이다

◇ **중급 단계 발음 연습**

츠 푸타오 뿌 투 푸타오 피 뿌 츠 푸타오 따오 투 푸타오 피
chī pútao bù tǔ pútao pí, bù chī pútao dào tǔ pútao pí

吃葡萄不吐葡萄皮，不吃葡萄倒吐葡萄皮
포도를 먹고 포도 껍질을 뱉지 않고, 포도를 먹지 않았는데도 포도 껍질을 뱉는다

◇ **고급 단계 발음 연습**

빠 바이 뱌오삥 뻔 베이 포 파오삥 삥 파이 베이 삐엔 파오
bā bǎi biāobīng bèn běi pō, pàobīng bìng pái běi biān pǎo

八百标兵奔北坡，炮兵并排北边跑
800명의 병사가 북쪽 언덕을 향해 달리고, 포병은 나란히 북쪽에서 달려온다

파오삥 파 바 뱌오삥 펑 뱌오삥 파 펑 파오삥 파오
pàobīng pà bǎ biāobīng pèng, biāobīng pà pèng pàobīng pào

炮兵怕把标兵碰，标兵怕碰炮兵炮
포병은 병사를 만날까 걱정하고, 병사도 포병의 포에 부딪힐까 걱정한다

Unit 49 너는 도대체 언제쯤 철이 들래?

✦ 에피소드를 알아야 써 먹지! (track 145)

【 정확한 시기 물어보기 】

니 따오디 션머 스허우 차이 넝 동스
Nǐ dàodǐ shénme shíhou cái néng dǒngshì?

니 션머 스허우 차이 넝 부 쪄머 여우쯔
Nǐ shénme shíhou cái néng bú zhème yòuzhì?

스 니엔 허우 워 잉까이 후이 동스 바
Shí nián hòu wǒ yīnggāi huì dǒngshì ba?

스 아 얼스 쑤이 잉까이 찌우 넝 동스 러 바
Shì a, èrshí suì yīnggāi jiù néng dǒngshì le ba.

단어 따오디 到底 dàodǐ 부 도대체 | 동스 懂事 dǒngshì 형 철이 들다 | 여우쯔 幼稚 yòuzhì 형 유치하다

304

✦ 표현 이해하기!

◇ **什么时候** shénme shíhou는 '언제'라는 뜻으로, 어떤 일이 발생하거나 어떤 행동을 할 시점을 물을 때 사용해. 什么时候는 문장 어디에 위치해도 되지만, 보통 동사 앞이나 뒤에 쓰여. 什么时候 자체가 의문사라서 문장 맨 뒤에는 의문조사 吗 없이 쓰는 게 일반적이야.

너는 도대체 언제쯤 철이 들래?
你到底什么时候才能懂事?

너는 언제까지 이렇게 유치할래?
你什么时候才能不这么幼稚?

10년 뒤에는 철 들어야 하지 않을까?
十年后我应该会懂事吧?

그러네. 20살이면 철 들어야겠네.
是啊，20岁应该就能懂事了吧。

무한 반복이 답이야!

STEP 1 귀로 익히는 패턴 (track 146)   1 → 2 → 3   천천히 보통 현지인

✧ 니 따오디 션머 스허우 차이 넝 둥스
  Nǐ dàodǐ shénme shíhou cái néng dǒngshì?

✧ 워 션머 스허우 넝 투어 딴
  Wǒ shénme shíhou néng tuō dān?

✧ 션머 스허우 샹 차이 너
  Shénme shíhou shàng cài ne?

✧ 니 션머 스허우 따오
  Nǐ shénme shíhou dào?

STEP 2 눈으로 익히는 패턴

✧ Nǐ dàodǐ shénme shíhou cái néng dǒngshì?
  你到底什么时候才能懂事?

✧ Wǒ shénme shíhou néng tuō dān?
  我什么时候能脱单?

✧ Shénme shíhou shàng cài ne?
  什么时候上菜呢?

✧ Nǐ shénme shíhou dào?
  你什么时候到?

STEP 3 　 입으로 익히는 패턴

✧ 你到底什么时候才能懂事?
　너는 도대체 언제쯤 철이 들래?

✧ 我什么时候能脱单?
　나 언제 솔로 탈출할 수 있을까?

✧ 什么时候上菜呢?
　언제 음식이 나오나요?

✧ 你什么时候到?
　너 언제 도착해?

* 투어 딴 脱单 tuō dān 솔로를 탈출하다 | 쌍 차이 上菜 shàng cài 요리를 내다

STEP 4 　 손으로 익히는 패턴

✧ 너는 도대체 언제쯤 철이 들래?

✧ 나 언제 솔로 탈출할 수 있을까?

✧ 언제 음식이 나오나요?

✧ 너 언제 도착해?

타이위를 따라 잡아봐! (track 147)

저자 음성

나 언제 솔로 탈출할 수 있을까?

초급

zhǎo nǚpéngyou

找女朋友

중급

Wǒ dàodǐ shénme shíhou yǒu nǚpéngyou?

我到底什么时候有女朋友?

고급

Wǒ shénme shíhou cái néng tán liàn'ài ne?

我什么时候才能谈恋爱呢?

네이티브

Wǒ shénme shíhou néng tuō dān a?

我什么时候能脱单啊?

타이위가 풀어보는 중국어

물건마다 세는 이름이 다르다고?

중국어는 모든 사물 또는 사람을 셀 때 양사를 붙여서 세요. 일반적으로 '꺼 个 gè'를 사용하지만, 각 사물에 맞는 양사를 알면 의사소통을 더욱 정확하게 할 수 있어요.

이 번 슈 yì běn shū
一本书 책 한 권

이 뻬이 카페이 yì bēi kāfēi
一杯咖啡 커피 한 잔

이 핑 쉐이 yì píng shuǐ
一瓶水 물 한 병

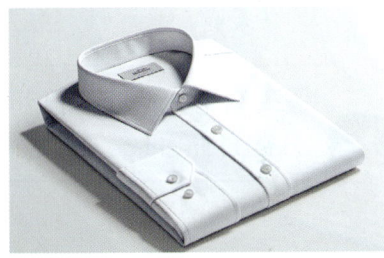

이 찌엔 쳔샨 yí jiàn chènshān
一件衬衫 셔츠 한 벌

Unit 50

밥을 먹든지, 눕든지.

영상 보기

✦ 에피소드를 알아야 써 먹지!   (track 148)

음원 듣기

【 두 가지 조건 말하기 】

타 핑스 떠우 깐 션머
TA píngshí dōu gàn shénme?

야오머 츠판 야오머 탕 져
Yàome chīfàn, yàome tǎng zhe.

종즈 찌우 스 거 쟈이 난 베이
Zǒngzhī jiù shì ge zhái nán bei.

스 쟈이 뉘
Shì zhái nǚ.

타 스 뉘셩 마
TA shì nǚshēng ma?

단어 탕 躺 tǎng 동 눕다 | 종즈 总之 zǒngzhī 접 어쨌든 | 쟈이 난 宅男 zhái nán 집돌이 |

✦ 표현 이해하기!

✧ 要么…, 要么… yàome…, yàome…는 '~하거나, ~하거나 / A 아니면 B'라는 뜻으로, 선택 조건이나 대안을 말할 때 사용해. 일상 대화에서 자주 쓰이는데, 친구 사이에 선택, 계획을 이야기할 때 편하게 사용할 수 있어. 비슷한 표현으로는 或者가 있지만, 要么…, 要么…가 좀 더 구어체이고 강조하는 느낌이야.

✧ TA는 남자인지 여자인지 모를 때 성별을 중립적으로 지칭하는 표현이야. 말할 때는 타 tā로 발음하면 되고 보통 SNS, 채팅, 온라인 글 등에서 자주 사용이 되는 단어라서 기억해 두면 좋아!

걔 평소에 뭐해?
TA平时都干什么?

밥을 먹든지, 눕든지.
要么吃饭，要么躺着。

어쨌든 집돌이라는 거네.
总之就是个宅男呗。

집순이야.
是宅女。

걔 여자였어?
TA是女生吗?

쟈이 뉘 宅女 zhái nǚ 집순이

무한 반복이 답이야!

STEP 1 귀로 익히는 패턴 (track 149)

1 → 2 → 3
천천히 보통 현지인

✧ 야오머 츠판 야오머 탕 져
  Yàome chīfàn, yàome tǎng zhe.

✧ 야오머 츠 여우탸오 야오머 허 떠우찌앙
  Yàome chī yóutiáo, yàome hē dòujiāng.

✧ 야오머 취 파샨 야오머 취 칸 하이
  Yàome qù páshān, yàome qù kàn hǎi.

✧ 야오머 취 르번 야오머 취 타이구어
  Yàome qù Rìběn, yàome qù Tàiguó.

STEP 2 눈으로 익히는 패턴

✧ Yàome chīfàn, yàome tǎng zhe.
  要么吃饭，要么躺着。

✧ Yàome chī yóutiáo, yàome hē dòujiāng.
  要么吃油条，要么喝豆浆。

✧ Yàome qù páshān, yàome qù kàn hǎi.
  要么去爬山，要么去看海。

✧ Yàome qù Rìběn, yàome qù Tàiguó.
  要么去日本，要么去泰国。

STEP 3 | 입으로 익히는 패턴

◇ 要么吃饭, 要么躺着。
  밥을 먹든지, 눕든지.

◇ 要么吃油条, 要么喝豆浆。
  여우티아오를 먹든지, 떠우지앙을 마시든지.

◇ 要么去爬山, 要么去看海。
  산을 가든지, 바다를 보러 가든지.

◇ 要么去日本, 要么去泰国。
  일본을 가든지, 태국을 가든지.

* 여우탸오 油条 yóutiáo 명 여우티아오(간식) | 떠우찌앙 豆浆 dòujiāng 명 떠우지앙(콩국) | 르번 日本 Rìběn 고유 일본 | 타이구어 泰国 Tàiguó 고유 태국

STEP 4 | 손으로 익히는 패턴

◇ 밥을 먹든지, 눕든지.

◇ 여우티아오를 먹든지, 떠우지앙을 마시든지.

◇ 산을 가든지, 바다를 보러 가든지.

◇ 일본을 가든지, 태국을 가든지.

타이위를 따라 잡아봐! (track 150)

영상 보기

大展鸿图
#따 쟌 홍 투

비에슈 리미엔 챵 케이
biéshù lǐmiàn chàng K
别墅里面唱K

쉐이츠 리미엔 인롱위
shuǐchí lǐmiàn yínlóngyú
水池里面银龙鱼

워 쏭 아슈 챠쮜
wǒ sòng āshū chájù
我送阿叔茶具

타 옌모어 씨아비 즈찌에 게이 워 쓰 거 쯔
tā yánmò xiàbǐ zhíjiē gěi wǒ sì ge zì
他研墨下笔直接给我四个字

따 쟌 홍 투
dà zhǎn hóng tú
大展鸿图

【의미】

별장 안에서 노래를 불러
수영장 안에 은빛 아로와나
나는 아저씨에게 차 다기 세트를 선물했고
그는 먹을 갈아 붓을 들어 바로 나에게 네 글자를 써 줬어
크게 뜻을 펼쳐라

타이위가 풀어보는 중국어

음식마다 못 먹는 표현이 다르다고?

우리말처럼 중국어도 음식을 먹지 못하는 표현이 다양해요. 가장 많이 쓰이는 대표적인 표현을 소개할게요.

미엔빠오 파메이 러
miànbāo fāméi le
面包发霉了
빵이 썩었다

핑구어 란 러
píngguǒ làn le
苹果烂了
사과가 상했다

타 꾸어 치 러
tā guò qī le
它过期了
소비기한이 지났다

니우나이 파쑤안 러
niúnǎi fāsuān le
牛奶发酸了
우유가 시큼해졌다

memo